Enno Siehr (Hg.)

Unterwegs im Spargelland

Ein kleiner Führer durch den Kreis Groß-Gerau
– nicht nur im Frühling zu gebrauchen

mit leckeren Spargelrezepten

Wartberg Verlag

Bildnachweis

Alle Bilder Rolf Heintzenberg, außer:

Archiv Heinrich Klingler	Seite 11, 12
Hotel Fasanerie	Seite 31
Hotel Darmstädter Hof	Seite 48
Archiv Volker Schütz	Seite 62, 63
Archiv Marvin Mensch	Seite 64
Café Extra, Gemeinde Büttelborn	Seite 65
Stadt Groß-Gerau	Seite 72
Stadt Kelsterbach	Seite 75
Stadt Raunheim	Seite 80
Gemeinde Riedstadt	Seite 83

Textnachweis

Öffentlichkeitsarbeit Kreisverwaltung Groß-Gerau,
Hartmut Blaum, Herbert Jack, Marvin Mensch,
Volker Schütz, Detlev Volk und Jürgen Volkmann

Redaktion

Larissa Christ, Horst Eckert,
Rolf Heintzenberg, Jochem Kahl

1. Auflage 2005

Druck: Zimmermann Druck & Verlag GmbH, Balve
Buchbinderische Verarbeitung: Büge, Celle

34281 Gudensberg-Gleichen • Im Wiesental 1
Telefon: 0 56 03/9 30 50 • www.wartberg-verlag.de
ISBN 3-8313-1099-8

Inhaltsverzeichnis

Inhalt

Radtouren

Herzlich willkommen im Spargelland!

Landrat Enno Siehr

Mag uns diese Bezeichnung für den Kreis Groß-Gerau auch hin und wieder noch ein wenig schwer von den Lippen gehen, so trifft sie dennoch den Nagel auf den Kopf. Zumindest acht wunderschöne Frühlingswochen lang. Denn von Ende April bis zum 24. Juni verwandeln sich in der Tat weite Teile des Kreises zum Spargelland – und damit zu einem Paradies für Feinschmecker aus nah und (in den letzten Jahren immer mehr) aus der Ferne.

Der Anbau des „königlichen Gemüses" hat eine lange Geschichte im Gerauer Land. Und wenn sich die Fachleute auch darüber streiten mögen, wann genau die erste Asparagusstange hier gewachsen und/oder verzehrt worden ist und wo dies genau gewesen sein mag – diese Tradition reicht auf jeden Fall weit in das 19. Jahrhundert zurück, wie der lesenswerte Beitrag von Dr. Heinrich Klingler belegt.

Dessen Vorhaben, den Ursprung des Spargelanbaus im Gerauer Land in Klein-Gerau zu verorten, mag von anderen auch widersprochen werden. Unstrittig ist: Die natürlichen Voraussetzungen für die Spargelkultur im Gerauer Land sind auch damals schon besonders günstig gewesen. Die sandigen Schwemmböden des Rheins und des alten Neckarbettes bieten eine natürliche Grundlage, wie sie besser nicht sein könnte. Die ebene Landschaft, sie ist vom Odenwald auf der einen und den rheinhessischen Höhen auf der anderen Seite vor kalten Winden geschützt. Und die Sonne scheint im Rheingraben sowieso ein wenig länger als anderswo. Wie die benachbarte Bergstraße gehört auch das Gerauer Spargelland zu den wärmsten und trockensten Gebieten Deutschlands – und ist damit zu allen Jahreszeiten ein Ausflugs- und Freizeitziel allererster Güte im Herzen des Rhein-Main-Gebiets.

Dass man sich dort, wo der Spargel wächst, auch in besonderer Weise auf seine Zubereitung versteht, liegt auf der Hand. Die Köche und Köchinnen im Gerauer Land sind wahre Meister im Umgang mit dem edlen Gemüse – ein Attribut, das keineswegs nur für die „Profis" in den Restaurants und Gasthäusern zutrifft. Auch in den Küchen der landwirtschaftlichen Erzeuger sind immer schon exzellente Spargelgerichte auf den Tisch gekommen – vielleicht ein wenig schlichter, ein wenig deftiger, aber für viele Gourmets ist ja gerade die einfachste Spargelvariante, die mit geklärter Butter oder Sauce Hollandaise, frischen Kartoffeln und einer Scheibe Schinken, die allerbeste.

Denn die erste und wichtigste Voraussetzung für ein gelungenes Spargelessen ist in unseren ländlichen Küchen natürlich in besonderer Weise gegeben: die Qualität und die Frische der königlichen Stangen. Vom Acker direkt auf den Herd und dann auf den Teller – je kürzer dieser Weg ist, desto überzeugender ist das Ergebnis für den anspruchsvollen Gaumen. Deshalb natürlich auch meine Empfehlung, den Gerauer Spargel an Ort und Stelle einzukaufen. Viele Erzeuger im Spargelland vermarkten das königliche Gemüse inzwischen direkt, sei es auf den Wochenmärkten in der Region, sei es an einer der vielen Verkaufsbuden, die während der Spargelsaison überall im Kreis (und in den benachbarten Großstädten) zu finden sind.

Daneben bevorzugen immer mehr Spargelliebhaber den Einkauf „direkt auf dem Spargelhof", in Sichtweite der Felder, auf denen die delikaten Stangen wachsen. In vielen Hofläden erhält man den Spargel mittlerweile, modernste Technik macht's möglich, auch fertig geschält – ein besonderer Komfort für Hausfrauen und Hobbyköche. Und Tipps zur richtigen Zubereitung und Aufbewahrung gibt es gratis dazu.

Wer jetzt noch daran zweifelt, dass erntefrischer Spargel aus dem Gerauer Land ein besonderes Gaumenerlebnis ist, der kann sich auf den folgenden Seiten eines Besseren belehren lassen: Spargelköche und Spargelerzeuger aus dem Kreis Groß-Gerau haben uns ihr Lieblingsrezept zur Verfügung gestellt – insgesamt knapp fünfzig an der Zahl. Die Palette reicht von „klassisch" mit Sauce Hollandaise bis hin zu raffinierten Kreationen mit nicht minder raffinierten und anspruchsvollen Zutaten. Die allermeisten Rezepte lassen sich recht leicht nachkochen – andere fordern hingegen eher professionelles Geschick. Für welches Sie sich aber auch immer entscheiden, Sie dürfen sicher sein: Mit erntefrischen Gerauer Spargelstangen, weiß oder grün, wird jedes Gericht zu einem kleinen „Asparagus-Gedicht".

Allerdings spricht auch ganz und gar nichts dagegen, sich hin und wieder in einem Restaurant oder Gasthaus von „Koch-Profis" verwöhnen zu lassen. Besser kann man einen Sonntagsausflug ins Gerauer Land nicht einleiten oder abschließen als mit der Einkehr in eines jener Lokale, die alljährlich an den Spargeltagen teilnehmen. Die Fahne der „Spargeltage" mit den drei stilisierten Stangen signalisiert dann schon von weitem: Hier ist gut Spargel essen. Und dass die Gourmets dort auch außerhalb der Spargelzeit zufrieden sein werden, dies versteht sich beim Können der Küchenmeister von selbst.

Vorwort

Was man an einem Wochenende noch alles im Gerauer Land machen kann, dafür bietet Ihnen das vorliegende Buch jede Menge Anregungen und Vorschläge. Wir haben für Sie mehr als zwei Dutzend Ausflugsziele im Kreis Groß-Gerau ausgewählt, von Kelsterbach im Norden bis nach Gernsheim im Süden, von denen jedes für sich eine Tour wert ist. Viele, wie das „Büchnerhaus" in Goddelau oder das Rüsselsheimer Museum, sind weithin bekannt, aber es befindet sich auch so manches Ziel darunter, für das die Bezeichnung „Geheimtipp" mit vollem Recht zutrifft.

Und dies gilt keineswegs nur im Frühling, zur Spargelzeit. Vor allem im Herbst, wenn die Blätter im Mönchbruchwald bunt werden und die ersten Nebelschwaden über dem Kühkopf steigen, Kühkopf-Knoblochsaue und Mönchbruch sind übrigens die beiden größten hessischen Naturschutzgebiete, entfaltet die Landschaft in unserem Kreis ihren besonderen Reiz. Und wenn's regnet, dann bietet sich der Besuch eines unserer zahlreichen Museen an. Aber auch die anderen Vorschläge sind eines Ausflugs wert. Neugierig geworden? Blättern Sie doch einfach einmal das Büchlein durch und lassen Sie sich anregen.

Und schwingen Sie sich anschließend aufs Rad! Viele wissen es ja längst: Der „Auto-Kreis" Groß-Gerau ist auch und vor allem ein Paradies für Radfahrer. Der gesamte Kreis wird von einem dichten und bestens markierten Netz von Radwegen überzogen, die mit Sicherheit allesamt nach ein paar Kilometern ein Gasthaus, ein schönes altes Gebäude oder ein besonderes Natur- oder Kulturdenkmal berühren.

Drei dieser besonders ausgewiesenen und ausgeschilderten Radwege stellen wir Ihnen näher vor. Die Anforderungen an Kraft und Kondition sind bei allen dreien eher gering. Die höchste Erhebung des Kreises beläuft sich auf gerade einmal 145 Meter. Allenfalls wird hin und wieder ein kräftiger Wind die „Mühen der Ebene" erhöhen. Und wer einmal von der Route abkommt: Der nächste Kirchturm ist meist in Sichtweite – und meist auch die nächste Einkehrmöglichkeit. Sie werden es schnell merken: Im Spargelland kann man sich nicht verfahren.

Wenn's mit dem Rad irgendwo einmal nicht weitergehen sollte, kann ich nur den öffentlichen Personennahverkehr empfehlen. Der Kreis Groß-Gerau gehört zum Tarifgebiet des RMV und ist mit Bussen und Bahnen ebenso exzellent erschlossen wie mit Straßen und Radwegen. Rad und Bahn sind dabei keine Konkurrenten: In vielen Zügen kann man das Fahrrad bis zum Ausgangspunkt der Tour durchs Spargelland mitnehmen. Über Fahrpläne und Tarife gibt der RMV gerne nähere Auskunft. Weitergehende Informationen zum ÖPNV-Angebot vor Ort gibt es in der RMV-Mobilitätszentrale Groß-Gerau, Telefon 06152/84 777.

Vorwort

Die Spargeltage Gerauer Land haben vom ersten Tage an eine starke Unterstützung von der heimischen Wirtschaft erfahren. Diese Unterstützung hat jetzt auch die Herausgabe dieses Buches möglich gemacht. Mein ausdrücklicher Dank geht deshalb an das Überlandwerk Groß-Gerau, die Riedwerke, die Fa. Merck, die Kreissparkasse Groß-Gerau, PC Spektrum, die HSE Heag Südhessische Energie AG, die Stadtwerke Groß-Gerau, FIAT und FIAT Autohaus Alfano, den Spargel- und Erdbeerhof Hirsch, die Volksbank Mainspitze, GFP Projektmanagement GmbH, die Fa. Meinhardt und den Spargelhof Melchior. Der RMV und die Riedwerke haben darüber hinaus die Drucklegung des Buches direkt unterstützt. Herzlichen Dank.

Bleibt zum Abschluss, Sie herzlich einzuladen: Ins Spargelland, zu einem delikaten Spargelmenü und einem Gläschen Wein, zu einem Ausflug zu den Schönheiten unserer Natur und Landschaft, zu unseren Museen und Freizeiteinrichtungen, zur Begegnung mit netten und weltoffenen Menschen – der Kreis Groß-Gerau ist für seine Gastfreundschaft berühmt und das ganze Jahr über einen Ausflug wert. Und dieses Buch gibt dazu nützliche Hinweise und Anregungen.

Ich wünsche Ihnen viel Spaß beim Blättern, viel Vergnügen beim Ausflug ins Spargelland – und beim Genuss frischen Gerauer Spargels einen guten Appetit.

Ihr Enno Siehr
Landrat

Wie kam der Spargel ins Gerauer Land?

Dr. Heinrich Klingler, Büttelborn-Klein-Gerau

Die Zeit, in der sich unsere Geschichte zuträgt, ist das letzte Drittel des 19. Jahrhunderts. Die Siedlung Klein-Gerau, im Jahre 1246 erstmals urkundlich erwähnt, erlebte, wie viele andere Gemeinden in der Umgebung auch, in jenen Jahren eine starke Bevölkerungszunahme. Wurden im Jahr 1800 noch 325 Einwohner gezählt, waren es 1830 bereits 445 und 1850 dann 519. 1890 lebten 585 Menschen im Dorf und im Jahr 1900 gar 660. Bedingt durch die in der Gegend übliche Realteilung bei der Erbfolge wurde der Ackerboden für die sich vermehrenden landwirtschaftlichen Betriebe knapp und die Betriebe selbst wurden von Erbfall zu Erbfall immer kleiner. Das Dorf stieß somit bald an die Grenzen seiner wirtschaftlichen Möglichkeiten.
Einer Statistik aus dem Jahre 1870 ist Folgendes zu entnehmen:
„In Klein-Gerau leben 550 Einwohner in 112 Häusern. An Haustieren werden gehalten: 40 Pferde, 6 Ochsen, 200 Kühe, 50 Rinder, 200 Schweine und 70 Ziegen."
Das Dorf erstreckte sich entlang der Darmstädter Straße, die von Groß-Gerau über Weiterstadt nach Darmstadt führte. Es gab nur zwei Nebenstraßen mit nur wenigen Häusern.
Das Leben im Dorf war von der Landwirtschaft geprägt, und die immer stärker zunehmende Landnot, einhergehend mit einer miserablen Nahrungsmittelversorgung, zwang die Menschen ab der Mitte des Jahrhunderts zur Auswanderung. Insgesamt 93 Klein-Gerauer verließen in der Zeit von 1831 bis 1859 ihre Heimat, die allermeisten in Richtung Amerika.
Der Statistik ist weiterhin zu entnehmen, dass neben 30 Bauernfamilien etwa 55 Kleinbauernfamilien in Klein-Gerau wohnten, der Rest waren einfache Tagelöhner. Die Kleinbauern hatten meistens eine Fahrkuh, mit der sie ihre geringe Ackerfläche bebauten und somit ihre Familie schlecht und recht ernähren konnten. Meist betrieben sie nebenher noch ein Handwerk, um etwas hinzuzuverdienen: Schuster, Schneider, Sattler, Schmied oder Maurer.
Zusätzlich war man auch in Klein-Gerau seit der Mitte des Jahrhunderts dazu übergegangen, Waldfeldbau zu betreiben. Immer, wenn ein Stück Gemeindewald abgeholzt worden war, wurde der Kahlschlag an die ärmere Bevölkerung verpachtet, die das Gelände rodete und dann für einige Jahre Roggen oder Kartoffeln anbauen durfte, bis endlich wieder Wald angepflanzt wurde.

Der im Jahre 1858 erfolgte Bau der Eisenbahnstrecke der Hessischen Ludwigsbahn zwischen Mainz und Darmstadt brachte eine erhebliche Entspannung der wirtschaftlichen Situation für das Dorf. Wie die folgende Tabelle zeigt, nimmt von da an

die Zahl der Tagelöhner mit unregelmäßigem Einkommen in dem Maße ab, wie die Zahl der Bahnbediensteten zunimmt. Zunächst waren es Steckenarbeiter, später wurden sie dann in den Bahnbetrieb übernommen und fanden somit einen, wenn auch nicht sehr üppigen, doch aber regelmäßigen und sicheren Verdienst.
Im Laufe der Jahre entstand so eine Bevölkerungsgruppe, wie sie bisher nicht im Dorf existiert hatte, die „Eisenbahner". Sie bearbeiteten neben ihrer eigentlichen Tätigkeit noch einen kleinen landwirtschaftlichen Betrieb mit Hilfe einer Fahrkuh und konnten so ihre Familien ordentlich versorgen.

Jahr	Tage-löhner	Eisen-bahner
1839	25	-
1850	38	-
1862	22	14
1874	14	22
1889	6	29

Die Entspannung durch den Bahnbau hielt aber nicht lange an, und so wuchs von neuem der Landhunger der Klein-Gerauer Bevölkerung. Besonders die Feldfluren, die aus reinem Dünensand bestanden, waren relativ unfruchtbar, und in trockenen Jahren brachten sie nur unbefriedigende Erträge.

So kam in dieser prekären Situation der Einfall zweier Ortsbürger gerade recht, es mit dem Anbau einer neuen Gemüsesorte zu versuchen. Ihre Idee fiel auch bald auf fruchtbaren Boden. Aber, wie es so ist mit allem Neuen, es dauert eine gewisse Zeit, bis man sich mit den ungewohnten Bedingungen angefreundet und gelernt hatte, die speziellen Arbeitsgänge und Verfahrensweisen zu beherrschen. In unserem Fall waren es zwei Individualisten, die allem Neuen aufgeschlossen gegenüber standen. Die risikobereit waren und die es wenigstens einmal mit dem neuen Gemüse versuchen wollten. Völlig unbeabsichtigt wurden sie so zu Initiatoren einer kleinen garten-

Spargelpionier Peter Klingler mit seiner Frau und seinen Söhnen

bzw. ackerbaulichen Revolution. Dass sich dann dieses Unternehmen verselbständigte und nach der Jahrhundertwende zu einer die Landwirtschaft unserer näheren Umgebung beherrschenden Angelegenheit machte, daran hatte niemand gedacht.

Da ist zunächst Peter Klingler, Kleinlandwirt und Schneidermeister, wohnhaft im Unterdorf, auf dem heutigen Grundstück Hauptstraße 11.
Man nannte ihn im Dorf „de Schneirer Perer". Er wurde 1855 geboren, und als er als Schneider ausgelernt hatte, stand der Militärdienst an, aber er hatte Glück, er wurde nicht „gezogen". Das Großherzogtum Hessen benötigte nämlich nicht so viele Soldaten, wie es wehrfähige junge Männer gab, so wurde die Einberufung zum Militär ausgelost. Er zog also ein Los, das ihn vom Wehrdienst befreite. Also ging er auf Wanderschaft. Zunächst stand Straßburg als Ziel fest, denn dort lebte ein Verwandter aus der Gräfenhäuser Sippe der Klinglers als Schneidermeister. Dann zog es ihn aber nach Norddeutschland und er arbeitete längere Zeit bei einem Meister im Braunschweigischen.
Als er nach Hause kam, heiratete er Elisabethe Kreuzer aus Berkach, die man dann im Dorf die „Schneirer Lies" nannte. Die beiden hatten eine Fahrkuh und bestellten zusammen ihre Felder, denn das Schneiderhandwerk war keine tagesfüllende Beschäftigung. Nicht genug damit, nebenher betätigte sich Peter als Barbier, rasierte, schnitt Haare, zog Zähne und versorgte auch kleinere Verletzungen seiner Kundschaft.
Dann war da noch Daniel Bernhardt, 1849 geboren. Sein Vater Peter stammte aus der Krone beim Rathaus, also aus „es Werts", und hatte in eine Hofreite im Oberdorf geheiratet, in der heutigen Theodor-Heuss-Straße 10. Das Anwesen nannte man von da an „es Wertsperers". Der junge Daniel war deshalb im Volksmund bald „de Wertsperers Deuel". Er heiratete die Tochter des Johann Klappich V. zwi-

Daniel Bernhard im Kreis seiner Familie

schen Schule (der heutigen Kirche) und Rathaus, die Ottilie Klappich. Von da an war sie die „Wertsperers Oddilje“.
Der junge Mann wurde zu den Dragonern gezogen und leistete seinen Militärdienst in der Bundesfestung Mainz ab, in der neben preußischen und österreichischen Kontingenten auch Großherzoglich-Hessische Dragoner einquartiert waren. Nach seiner Entlassung übernahm er den väterlichen Hof, fuhr mit zwei Pferden und bearbeitete einen ansehnlichen landwirtschaftlichen Betrieb.
Beide, der Perer und der Deuel hatten zusammen die Schulbank gedrückt und hatten sicherlich auch ihre Jungenstreiche miteinander ausgeheckt. Sie waren aber auch durch einen Lehrer erzogen worden, der zwischen 1855 und 1887 eine große Zahl von Schülerjahrgängen der Natur und den landwirtschaftlichen Fragen näher gebracht hatte, ein Lehrer, der sich im Dorf in vielerlei Hinsicht engagierte und besonders durch sein Interesse am Obst- und Gartenbau die ihm anvertrauten jungen Menschen nachhaltig prägte. Es war der aus Seeheim an der Bergstraße stammende Schulmeister Heinrich Klein.
Wenn der Sonntagmorgen herangekommen war und in den landwirtschaftlichen Betrieben der Tag etwas gemächlicher verlief, machte der Rasierer sich mit seiner Ledertasche, in der er seine Utensilien verstaut hatte, auf den Weg zu seinen Kunden. Hierbei ging er recht systematisch vor. Zunächst führte ihn sein Weg in Richtung Rathaus und dann weiter ins Oberdorf, immer die Ortsstraße entlang.

Diese Straße hatte damals noch keine offizielle Bezeichnung, man sagte einfach die „Gass“, denn in den beiden damals noch vorhandenen seitlichen Wegen standen nur wenige Häuser. Die Ortsstraße war in der Mitte mit großen, glatten Basaltsteinen gepflastert und die beiden Seitenstreifen waren blanke Sandwege, die nur durch gepflasterte Einfahrten in die Hofreiten unterbrochen wurden. Hatte der Schneirer Perer einen seiner Kunden rasiert und dessen Haus verlassen, so schüttete er den Rasierschaum aus seinem Behälter auf die Straße, wusch beim nächsten Kunden im Hof an der Pumpe den Behälter aus und ließ sich in der Küche heißes Wasser geben, um erneut Schaum zu schlagen. So ging er seiner Wege, von Haus zu Haus. Wenn die Schneirer Lies zu Hause den Tisch gedeckt hatte und dabei war, die Kartoffeln abzuschütten, und der Perer immer noch nicht heimgekommen war, musste der kleine Jakob ihn holen gehen. Der brauchte dann nur der „Schaumspur“ zu folgen und wusste sofort, in welchem Haus der Vater gerade rasierte.
Irgendwann, in den Achtzigerjahren des 19. Jahrhunderts, waren der Wertsperers Deuel und der Schneirer Perer wieder einmal in ein längeres Gespräch verwickelt.

Der Deuel erzählte von seiner Militärzeit in Mainz und von den umliegenden Ortschaften Laubenheim, Finthen und Bodenheim, in denen Gemüse angebaut wurde, um den großen Markt am Dom zu beliefern und stellte fest, dass man dort gutes Geld verdiente.

Der Perer berichtete von seiner Arbeit im Braunschweigischen und von dem Spargelanbau, der dort betrieben wurde. Er lobte dieses neue Gemüse in den höchsten Tönen und wusste auch genau Bescheid, wie es angebaut und vermarktet wurde. Hatte er doch mit seinem Meister auf dem Spargelacker gearbeitet, wenn es einmal nichts in der Schneiderwerkstatt zu tun gegeben hatte. Er kannte den Spargelanbau von der Pike auf. Da wurde ihr Gespräch unterbrochen und der Schneirer Perer wurde zum Essen geholt.
Beiden ging aber in der kommenden Woche diese Geschichte vom Spargel nicht aus dem Kopf. Sie drehten das Problem hin und her, überlegten alle Vorteile und Risiken und am kommenden Sonntag, beim Rasieren, wurde man sich einig: Wir pflanzen Spargel!

Der Perer hatte das „Know how" und der Deuel die ackerbaulichen Voraussetzungen dazu – und unternehmungslustig waren sie beide. So waren sie die idealen Partner.
Im Jahre 1885 beschaffte der Schneirer Perer dann im Braunschweigischen den notwendigen Spargelsamen. Dieser wurde auf einem Acker des Wertsperers Deuel auf dem „Bohl" in Reihen ausgesät und man harrte nun der Dinge, die da kommen sollten. Während des ganzen Sommers hielt immer mal wieder ein Fuhrwerk an dem besagten Acker und der Fuhrmann stieg ab, ging einige Schritte auf den Acker des Wertsperers Deuel und bestaunte die seltsamen Pflanzen mit ihren feinen Blättern, die da in Reihen standen. Alle bewunderten diese neuen Gewächse, konnten sich aber keinen Reim auf ihre Bedeutung machen.

Als dann im kommenden Frühjahr die Pflanzen aus dem Boden gegraben wurden und man den Sand von den Wurzeln schüttelte, da erschrak doch mancher, als er die dicken, langen Wurzeln sah, die an die auf den Klein-Gerauer Äckern gefürchteten Quecken erinnerten. Und so mag auch dem Kreisrat in Groß-Gerau zu Ohren gekommen sein, dass zwei „Verrückte" aus Klein-Gerau ein seltsames Unkraut auf einem Acker züchteten, das wohl eine Gefahr für die ganze Gemarkung werden könne. Jedenfalls bat der den Bürgermeister um einen Bericht, diese neuen

Pflanzen betreffend. Die Antwort des Bürgermeisters ist uns nicht erhalten, sie scheint aber für den Kreisrat beruhigend gewesen zu sein, denn er verzichtete vorerst auf die Anweisung der sofortigen Vernichtung des gefürchteten Unkrauts.
Nun ging es an das Setzen der Spargelpflanzen. Damals war noch alles Handarbeit. Man grub Löcher im Abstand von einem Meter in den Boden und pflanzte in etwa einem Spaten Tiefe die Pflänzchen ein. Nun ließ man sie wachsen, ebnete im Herbst den Acker wieder ein und wartete noch ein Jahr, in dem sich die Pflanzen dann kräftigten – und konnte im kommenden Jahr für etwa vier Wochen mit der ersten Ernte rechnen.

Die Vorbereitungen verliefen auch durch Handarbeit: man häufelte Erde um die Pflanzen herum auf, sodass der Acker aussah wie von großen Maulwurfshaufen übersät, und glättete diese mit einer Scheibe. Nun wartete man auf warmes Wetter und das erste Erscheinen der Spargeltriebe.
Man beobachtete den Hügel, bis eines Tages die erste Spargelstange „hob", das heißt, bis ein Spargel von unten an die verfestigte Erdkruste drückte, sodass diese aufplatzte. Wenn nun der Spargel gestochen wurde, war er noch weiß und somit von guter Qualität. Übersah man aber diese feinen Anzeichen für das Vorhandensein einer Spargelstange im Boden, so war diese am kommenden Tag bereits mit dem Kopf im Freien und fing an, sich blau zu verfärben.
Heute wird der Spargel gestochen, mit einem „Spargelmesser", einem spatelartigen, langstieligen Gerät, mit dem man die Spargelstange möglichst weit unten im Boden abtrennt. Dabei gilt es darauf zu achten, dass die eng beieinander stehenden Triebe nicht verletzt werden.
Früher wurde der Spargel aus dem Boden gezogen, indem man ihn an der Krone, dort, wo er also angewachsen war, abriss.

Die erste Spargelernte in Klein-Gerau erfolgte im Jahre 1888. Bald wurde aber durch den Wertsperers Deuel die Anbaumethode verbessert und an die Arbeit mit Pferd und Pflug angepasst. Es wurden bei Neuanlage von Spargelfeldern lange Gräben gezogen, in denen die Pflanzen nun enger gesetzt wurden und später, wenn die Anlage erntereif war, hat man mit dem Pflug die Erde über den Pflanzen zusammengepflügt. Somit entstanden die auch heute noch gebräuchlichen langen „Balken", die dann noch mit dem Rechen geglättet werden mussten. Endlich zog man einen mit etwas Erde gefüllten Sack über diesen Balken, um den Boden festzudrücken und zu glätten. Diese Verbesserung erleichterte die Arbeit auf dem

Spargelfeld ganz erheblich, erforderte aber eine größere Zahl von Frauen, die die Balken rechen mussten, solange der Boden noch feucht war.

Das war dann die Gelegenheit, sich in Nachbarschaftshilfe zu üben. Seitdem hat sich im Spargelbau in dieser Hinsicht nicht mehr viel verändert. Verständlicherweise lief der Spargelbau nur schleppend an. Zunächst hatte man ja auch nur kleine Ackerflächen, sozusagen als Versuchsflächen bebaut, außerdem mussten die Klein-Gerauer erst einmal beobachten, was da geschah und welche Verrichtungen während eines Jahres notwendig waren.

Zunächst hatte man das Treiben auf den beiden Spargelfeldern misstrauisch beobachtet. Man wollte ja wissen, wie dieses neue Gemüse angebaut und gepflegt werden musste. Dann wagten sich einige Neugierige, die den beiden Pionieren alles abgeguckt hatten, an die ersten eigenen Spargelanlagen. Und langsam erkannte die Klein-Gerauer Bevölkerung den Wert dieses neu angebauten Gemüses und verlor damit auch ihre Scheu.

Die Frauen der beiden Initiatoren des Spargelbaues waren natürlich gefragt, wenn es an die Vermarktung ging. Die Spargeltriebe mussten geputzt, auf die richtige Länge geschnitten und sortiert werden, dann hat man sie in Bündel zu je einem Pfund zusammengefasst und im Wasser bis zum Abtransport aufbewahrt. Tags darauf ging es dann auf den Markt nach Darmstadt.

Die Schneirer Lies und die Wertsperers Oddilje setzten ihre Kringe auf den Kopf, um die schweren Weidenkörbe mit ihrem wertvollen Inhalt besser tragen zu können, und ab ging es zum Bahnhof und auf den Markt in Darmstadt. Dort hatte sich bald ein Stamm von Abnehmern gebildet, bei dem die beiden Frauen ihre Ware leicht absetzen konnten.

Durch die Ausdehnung des Spargelanbaues kam es dann aber zu Absatzschwierigkeiten. Da hatte aber der Wertsperers Deuel auch eine Lösung. Er nahm Verbindung mit einem Großhändler aus Frankfurt auf, der täglich den in seiner Scheuer im Oberdorf abgelieferten Spargel aufkaufte, um die umliegenden Märkte und auch Hotels zu beliefern. Als dieses letzte Hindernis beseitigt war, gab es dann kein Halten mehr und der Spargelboom im Gerauer Land konnte beginnen.
Im Jahre 1883 hatte die Gemeinde ein Stück des Walddistrikts Gänsweide, dort, wo

heute der Gänsweidsee liegt, abgeholzt, um für ihre an Landnot leidenden Bürger Ackerland zu schaffen. Es sollten besonders diejenigen mit Feldstücken bedient werden, denen Ackerland dringend fehlte, den Industriearbeitern, Eisenbahnern und Kleinlandwirten. Man dachte sich, dass durch den Anbau von Korn und Kartoffeln es dieser Bevölkerungsgruppe ermöglicht würde, sich zusätzlich noch ein Schwein zu halten und so ihre Selbstversorgung in den Griff zu bekommen. 1898 waren aber bereits 90 % dieser Felder mit Spargelanlagen bepflanzt, wobei die einzelnen abgesteckten Parzellen zuvor unter den interessierten Kleinlandwirten verlost worden waren.

Die beiden Querköpfe mit ihrem Unkraut hatten in der Tat etwas geschaffen, das sich für die kommenden Jahrzehnte als Segen für das Dorf und die nähere Umgebung auswirken sollte. Viele der ortsansässigen Kleinbauern und die Arbeiterbevölkerung hatten fortan die Möglichkeit, auf den bisher wenig fruchtbaren, trockenen Sandäckern eine zusätzliche Einnahme zu erzielen, die ihrem Lebensstandard sichtbar zugute kam. Besonders in den wirtschaftlichen Krisenjahren nach dem ersten Weltkrieg, in der Depression am Ende der 20er Jahre und auch nach dem Zweiten Weltkrieg hat der Spargelanbau viel dazu beigetragen, dass es unserer Bevölkerung immer noch leidlich gut ging. Auf seinen Spargelacker konnte man sich halt verlassen.

Wie sich der Spargelanbau in Klein-Gerau weiterentwickelte, soll die nachfolgende Tabelle zeigen.

Spargelanbau in Klein-Gerau: Jahr	Anbau in ha
1893	2
1900	6
1913	10
1920	20

Die Zahlen stammen aus den Anbaustatistiken im Gemeindearchiv. Leider sind diese Listen nicht lückenlos vorhanden, aber auch die wenigen Angaben belegen deutlich, wie rasch sich dieses neue Gemüse in unserem Bereich durchsetzte.

Quellenangaben:
Gemeindearchiv Klein-Gerau
Engel, Heinrich: Über 70 Jahre Spargelbau, Heimatzeitung 1964
Mündliche Berichte von:
Heinrich Engel, Heimatforscher, Klein-Gerau
Peter Klingler, Bürgermeister, Mörfelden
August Bernhardt, Klein-Gerau

Spargelsalat grün/weiß

Für 4 Personen

Zutaten:

500 g weißer Spargel
500 g grüner Spargel
250 g gekochter Schinken
5 hart gekochte Eier
250 g Miracel Whip
Salz und Pfeffer

Zubereitung:

Den grünen und den weißen Spargel schälen und blanchieren.
Den gekochten Schinken und die hart gekochten Eier fein würfeln.
Anschließend Miracel Whip mit Pfeffer und Salz glatt verrühren.
Alle Zutaten leicht zusammenheben und mindestens 2 Stunden ziehen lassen.

Gemüsehof Reinheim
Unter der Ruth 50
Ginsheim-Gustavsburg
Tel. 0 61 44/93 85 00

Gebackener Spargel in Ruccola-Sahne

Für 4 Personen

Zutaten:

12 Stangen Spargel
2 Eier
Pfeffer und Salz
Paniermehl

2 Becher süße Sahne
1 Bund Ruccola
Öl
Frischer Parmesan

Zubereitung:

Den Spargel schälen, im Ganzen in Salzwasser bissfest kochen. Gut abtropfen lassen. Die Eier aufschlagen, verquirlen und mit Salz und Pfeffer würzen.
Den Spargel erst im Ei, danach im Paniermehl wenden. In der Pfanne Pflanzencreme oder Butterschmalz erwärmen, und dann die Spargelstangen von allen Seiten goldgelb backen.
Den Ruccola waschen, grob zerkleinern, mit etwas Öl in einer Schüssel vermengen. Nun das Ganze mit dem Mixstab pürieren. Falls es sich schwer verarbeiten lässt, muss noch Öl hinzugegeben werden, sodass ein schönes Pesto entsteht.
Die Sahne in einem Topf erhitzen, das Ruccola-Pesto hineingeben, den frischen Parmesan reiben und das Ganze nochmals kurz aufkochen.
Den gebackenen Spargel auf einem Teller anrichten, 1–2 Löffel Sauce dazugeben und sofort servieren.

Birkenhof Ewald
Trebur
Tel. 0 61 47/2513

Spargel-Schinken-Eiersalat

Für 4 Personen

Zutaten:

1 kg Spargel
4–5 Scheiben gekochter Schinken
3–4 hart gekochte Eier
1 Bund Frühlingskräuter
2–3 EL Crème fraîche
Essig, Öl, Salz und Pfeffer

Zubereitung:

Den Spargel schälen, in Stücke schneiden und 10 bis 15 Minuten in kochendem Salzwasser ziehen lassen. Den gekochten Schinken würfeln und die Eier in dünne Scheiben schneiden.
Die Frühlingskräuter zerkleinern, mit der Crème fraîche mischen.
Öl und Essig dazugeben und mit Salz und Pfeffer nach Belieben abschmecken.
Das Dressing mit dem Spargel, dem Schinken und den Eiern gut durchmischen und kühl stellen. Mit Baguette oder Toastbrot servieren.

Spargel- und Gemüsehof
Jürgen Schneider
Hintergasse 3
Rüsselsheim-Königstädten
Tel. 06142/93 86 07

Spargelsalat nach Art des Hauses

Für 4 Personen

Zutaten:

1 kg Spargel
2 EL Magerquark
1 EL Crème fraîche
1 EL Öl
1 TL Senf
Zitronensaft, Salz, Zucker, Petersilie, Dill

Zubereitung:

Den Spargel schälen, in Stücke schneiden und in Salzwasser mit einer Prise Zucker bissfest garen. Von der Herdplatte nehmen und im Sud erkalten lassen.
Wenn der Spargel abgekühlt ist, über einem Sieb abtropfen lassen.
Aus dem Quark, der Crème fraîche, dem Öl und dem Senf eine Marinade herstellen und den Spargel unterheben.
Mit den Kräutern garnieren.

Spargelhof Klaus Schäfer
Ernst-Ludwig-Straße 35
Riedstadt-Wolfskehlen
Tel. 06158/716 92

Spargel mit Lachscrêpes

Für 4 Personen

Zutaten:

1 kg Spargel
80 g Mehl
200 ml Milch
2 Eier
3 EL Schnittlauchröllchen
3–4 EL Öl
200 g Räucherlachs
1 Päckchen Feinschmecker-Zitronen-Butter-Sauce (Fertigprodukt)
Salz, Zucker

Zubereitung:

Den Spargel schälen, die Enden abschneiden und in kochendem Salzwasser mit Zucker bissfest garen. Warm stellen.
Mehl, Milch und Eier verrühren, salzen und die Schnittlauchröllchen untermischen. Aus dem Teig in heißem Öl nacheinander Crêpes backen.
Die Crêpes mit dem Räucherlachs belegen, aufrollen und in ca. 2–3 cm dicke Scheiben schneiden.
Die Zitronen-Butter-Sauce nach Anweisung zubereiten.
Die Lachscrêpes mit dem abgetropften Spargel auf vorgewärmten Tellern anrichten und dazu die Sauce reichen.

Hans und Frank Reitz
Sonnenhof
Büttelborn-Worfelden
Tel. 06152/91 02 62

Spargel-Kräuter-Käse-Suppe

Für 4 Personen

Zutaten:

500 g Spargel
40 g Margarine
40 g Mehl
1 Bund Petersilie
1 Würfel klare Suppe
100 ml Sahne
200 g Kräuter-Schmelzkäse
Salz

Zubereitung:

Den Spargel schälen, kurz abwaschen und in mundgerechte Stücke schneiden. In kochendem Salzwasser bissfest garen, abschütten und dabei das Kochwasser auffangen.
Die Margarine in einem Topf zergehen lassen und das Mehl mit einem Schneebesen unterrühren. Mit ¼ l Spargelwasser ablöschen.
Die Petersilie klein hacken und in den Topf dazugeben, mit Salz und dem Suppenwürfel abschmecken. Dann die Sahne und den Schmelzkäse einrühren.
Zum Schluss die gegarten Spargelstücke zugeben und erwärmen.

Stahl's Gemüsetheke
Eichmühle
Büttelborn-Klein-Gerau
Tel. 06152/80 39 67

Spargel in Sauce Vinaigrette mit Parmaschinken

Für 4 Personen

Zutaten:

800 g frisch geschälte Spargelstangen
160 g Parmaschinken
2 Strauchtomaten
2 Lauchzwiebeln
4 Stangen glatte Petersilie
Salate zum Anrichten (Lollo Rosso, Eichblatt-, Feldsalat)
1 EL Sherryessig
3 EL Olivenöl
Zitronensaft
Salz, Pfeffer, Zucker

Zubereitung:

Die Tomaten kreuzförmig am Ende einritzen, kurz blanchieren und abschrecken. Haut abziehen, Strunk herausschneiden, in Würfel schneiden. Die Lauchzwiebeln waschen, rechteckig fein schneiden, Petersilie waschen, fein hacken.
Alles in einer Schüssel mit Essig, Zitronensaft, Salz, Pfeffer und Olivenöl vermengen.
Die Spargelstangen mit Schrägschnitten in drei gleich große Stücke teilen und drei bis vier Minuten lang in kochendem Wasser garen, herausnehmen und sofort mit der Vinaigrette vermengen.
Die gewaschenen Salate portionsweise auf Tellern anrichten und mit dem Spargel und dem Parmaschinken garnieren.

Restaurant „Alte Oberförsterei“
Staufenstraße 16
Kelsterbach
Tel. 06107/616 73

Ziegenkäsemousse an Spargelsalat

Für 6 Personen

Zutaten:

250 g Ziegenkäse
250 g Quark
150 g geschlagene Sahne
etwas flüssige Sahne
5 Blatt Gelatine
Salz, Pfeffer
60 g Parmaschinken
18 Stangen weißer Spargel
18 Stangen grüner Spargel
Sherryessig, Öl, Salz, Pfeffer, Zucker, Zitrone
Blattsalate je nach Marktangebot

Hotel-Restaurant „Haus Monika"
Im Mehlsee 1-5
Büttelborn
Tel. 06152/18160

Zubereitung:

Den Ziegenkäse und den Quark mit flüssiger Sahne zu einer glatten Masse verrühren, mit Salz und Pfeffer abschmecken. Gelatine in eiskaltem Wasser einweichen, im Anschluss im Wasserbad auflösen. Die aufgelöste Gelatine gleichmäßig unter die Käsemasse rühren und sofort die geschlagene Sahne unterheben. Die Masse in eine flache Schüssel füllen und eine Stunde kalt stellen.
In der Zwischenzeit den Parmaschinken in hauchdünne Streifen schneiden. Spargel schälen (weißen komplett, grünen nur am Ende) und in ca. 1 cm lange Stücke schneiden. Spargelköpfe ca. 5 cm lang lassen. Den Spargel in kochendem Wasser mit Salz, Pfeffer, Zucker und Zitrone weich kochen. Erkalteten Spargel mit Sherryessig, Öl, Salz und Pfeffer marinieren.
Blattsalate ebenfalls marinieren und in der Tellermitte mit den Spargelspitzen sternförmig anrichten. Den Spargelsalat daraufsetzen.
Mit einem Teelöffel, den man in heißes Wasser taucht, kleine, kegelförmige Käsenocken abstechen und um den Spargelsalat anrichten.
Die Käsenocken zum Schluss mit dem Parmaschinkenstreifen belegen.

Spargelsuppe nach Hausmannsart

Für 4 Personen

Zutaten:

250 g Suppenspargel
1 ½ l Wasser
80 g Butter
50 g Weizenmehl
5 EL süße Sahne
2 Eigelb
Zucker
Salz

Zubereitung:

Spargel schälen, waschen und in ca. 3 cm lange Stücke schneiden und 12 bis 15 Minuten in 1½ Liter Salzwasser gar kochen.
Aus Butter und Mehl eine helle Mehlschwitze herstellen und mit etwas Spargelbrühe ablöschen. Anschließend wird die Mehlschwitze dem Topf mit der Spargelsuppe zugefügt.
Suppe nochmals 20 Minuten köcheln lassen.
Topf vom Feuer nehmen, das Eigelb mit der Sahne verquirlen und in die Suppe geben.
Suppe heiß servieren.

Spargelbau und Hofladen
E. und R. Müller
Vorderstraße 7
Nauheim
Tel. 06152/64449

Ohne Eiszeit keinen Spargel

Das Eiszeitalter (ca. 2 Mio bis 10.000 v.Chr.) hat die Landschaft unserer Region geschaffen. Warm- und Kaltzeiten, Wasser und Wind wechselten sich als Landschaftsformer ab. In den Warmzeiten lagerten der Rhein und seine Zuflüsse lehmige Hochflutsedimente ab. In den Kaltzeiten wurde der Sand aus den Schotterflächen ausgeblasen und z.B. in den heutigen Gemarkungen von Nauheim, Groß-Gerau, Klein-Gerau, Büttelborn und Worfelden abgelagert. Über Jahrhunderte wuchs dort lediglich Wald, und der Boden galt den Bauern als wertloses Land. Dies änderte sich Ende des 19. Jahrhunderts mit dem Beginn des modernen Spargelanbaus. Die Sandstandorte – teils lehmig, teils humushaltig – haben die Gunst, sich im Frühjahr schnell zu erwärmen und den Spargel gedeihen zu lassen.

Spargelravioli mit einer Kirschtomatensoße und Pinienkernen

Für 4 Personen

Zutaten:

800 g Spargel
120 g Echalotten
400 g Kirschtomaten
500 g Mehl
50 g Emmentaler Käse
100 g Pinienkerne
200 ml Olivenöl
5 Eier
1 kleines Bund Basilikum
Balsamicoessig
Salz, Pfeffer, Muskat

Zubereitung:

Den Spargel waschen und schälen, dann ca. 5 Minuten kochen lassen. Herausnehmen und die Köpfe abtrennen und separat aufbewahren. Die Spargelstiele nochmals 8–10 Minuten kochen, aus dem Wasser nehmen und pürieren. In einem Haarsieb oder einem Tuch aufbewahren, um eine relativ trockene Masse zu erhalten.

Das Mehl, Olivenöl und die Eier in eine Schüssel geben und zu einem Teig vermengen. Den Teig in ein feuchtes Tuch geben und ca. 10 Minuten ruhen lassen.

80 g der Schalotten klein schneiden und in etwas Olivenöl anschwitzen. Ein halbes Bund gehacktes Basilikum, 50 g gehackte Pinienkerne und den pürierten Spargel dazugeben und kalt werden lassen. Den geriebenen Emmentaler dazugeben und mit Salz, Pfeffer und Muskat würzen.

Den Teig ausrollen, in ca. 12–16 Vierecke schneiden, mit etwas geschlagenem Ei bestreichen und mit der vorbereiteten Masse füllen.

Restaurant „L'herbe de Provence"
Am Weinfass 133
Rüsselsheim-Bauschheim
Tel. 06142/798080

Die gehäuteten und entkernten Kirschtomaten klein schneiden, in einen Topf geben und ca. 8–10 Minuten leicht kochen lassen. Mit Salz, Pfeffer und einer Prise Zucker abschmecken. Zum Schluss einen Schuss Balsamicoessig dazugeben. Die Spargelravioli in Salzwasser ca. 5 Minuten kochen und auf Tellern anrichten, die Kirschtomatensoße darüber geben und die restlichen Pinienkerne darüber streuen.

Die Spargelköpfe mit in heißem Öl frittierten Basilikumblättern als Dekoration auf den Teller verteilen.

Launs Spargeltoast

Für 4 Personen

Zutaten:

8 Scheiben Toastbrot
4 Scheiben gekochter Schinken
4 Scheiben roher Schinken
1 kg Spargel
1 Glas Mayonnaise
4 hart gekochte Eier
Butter, Petersilie, Dill, Schnittlauch und weitere Kräuter nach Geschmack

Zubereitung:

Den Spargel schälen und in Salzwasser mit etwas Butter bissfest kochen. Das Toastbrot kurz antoasten und mit Butter bestreichen. Mit dem Schinken belegen. Das Eiweiß der gekochten Eier würfeln, mit der Mayonnaise mischen und über den Schinken geben. Darüber die Spargelstangen legen. Das Eigelb mit einer Gabel zerkleinern und den Toast damit bestreuen.
Die Kräuter waschen, hacken und nach Belieben über den Toast streuen.

Spargelhof Winfried Laun
Rüsselsheim-Bauschheim
Wolfingerstraße 10
Tel. 06142/711 02

Gebratener Spargel mit weißem Heilbutt
in Kräuterkruste und Soße nach Brüsseler Art

Für 4 Personen

Zutaten:

600–800 g weiße Heilbuttfilets
1 kg mittelgroße Spargel
150 g Butter, 2 Eier
2 Echalotten
200 ml Pflanzenöl
200 ml Weißwein
100 g Semmelbrösel
2 Bund glatte Petersilie, ½ Bund Thymian, ½ Bund Salbei, ½ Bund Basilikum
1 ½ Knoblauchzehen
Salz, Pfeffer, Muskat

Restaurant „L'herbe de Provence"
Am Weinfass 133
Rüsselsheim-Bauschheim
Tel. 06142/798080

Zubereitung:

Die Eier zehn Minuten kochen. Spargel schälen und schräg in ca. ½ cm dicke Scheiben schneiden. Den Fisch portionieren und anbraten.
Eine halbe Knoblauchzehe, 1 Bund Petersilie, den Thymian, den Salbei und das Basilikum hacken, mit dem Öl, den Semmelbröseln, Salz und Pfeffer mischen und die Masse auf den Heilbuttfilets verteilen und andrücken.
Die Echalotten würfeln und zusammen mit einer halben gehackten Knoblauchzehe in etwas Öl anschwitzen, mit Weißwein ablöschen, die Eier würfeln und dazugeben, ca. 3–5 Minuten köcheln lassen. Mit Salz, Pfeffer und Muskat abschmecken und 1 Bund gehackte Petersilie einrühren.
Den Spargel in einer Pfanne in etwas Öl unter ständigem Wenden ca. 8 Minuten bei mittlerer Hitze anbraten, mit Salz, Pfeffer und einer Prise Zucker abschmecken und eine halbe in feine Scheiben geschnittene Knoblauchzehe hinzugeben.
Auf den Tellern anrichten. Den Fisch noch einmal 3–5 Minuten bei 180 Grad in den Ofen stellen, danach auf den Spargel geben, etwas Olivenöl darüber gießen und mit der Soße anrichten.

Spargel-Soufflé

Für 4 Personen

Zutaten:

750 g Spargel
Salz, Pfeffer, Zucker, Zitronenmelisse
50 g Butter
2 Eier
1 Päckchen Sauce Hollandaise
100 g Doppelrahm-frischkäse
100 g roher Schinken, gewürfelt

Landmetzgerei Werner Schäfer
Birkenhof
Riedstadt-Wolfskehlen
Tel. 06158/65 91

Zubereitung:

Den Spargel waschen, schälen, in Stücke schneiden und in mit Salz, Zucker und zwei Blatt Zitronenmelisse gewürztem Wasser garen, danach abgießen und auskühlen lassen.
Dann die Spargelstücke auf acht gefettete kleine Soufflé-Förmchen verteilen.
1/8 l Spargelwasser erhitzen und die Sauce Hollandaise mit dem Schneebesen einrühren, kurz aufkochen, dann die Hitze wieder reduzieren. Die Butter in Stücken nach und nach gut unterschlagen. Wenn sie geschmolzen ist, den Frischkäse mit dem Schneebesen einrühren und den gewürfelten Schinken hinzufügen. Als Nächstes die beiden Eigelb einrühren. Die beiden Eiweiß steif schlagen und unterheben – und das Ganze noch einmal abschmecken.
Die Sauce auf die Förmchen verteilen und sofort in den auf 200 Grad erhitzten Backofen schieben.
Ca. 20 Minuten backen und dann sofort servieren.

Kaiser Diokletian verordnet Höchstpreise

Mit der feineren römischen Küche der Antike verbinden sich Wein, Olivenöl oder Austern. Die Römer wussten aber auch den guten Geschmack des Spargels zu schätzen und begannen, ihn in Gärten zu kultivieren. Marcus Porcius Cato (234–149 v.Chr.) – bekannt durch seine Reden im Senat – hat in seiner „De agri cultura“ um 154 v.Chr. genau beschrieben, wie Spargel anzubauen sei. In der Folgezeit entwickelte sich der Spargel zum Luxusgemüse. Mit der zunehmenden Veredelung gehörte der Spargel zu den teuersten Delikatessen im Römischen Reich. Kaiser Diokletian (243-313 n.Chr.) sah sich deshalb im Jahre 304 n.Chr. veranlasst, einen Höchstpreis für das Gemüse festzusetzen.

Filetauflauf mit Spargel

Für 4 Personen

Zutaten:

1 kg Spargel
Salz, Zucker, Zitronenmelisse
1 Schweinefilet
250 g Champignons
1 Becher Crème fraîche
1 Becher Sahne
Pfeffer, Curry
Soßenbinder (hell)
200 g geriebener Käse
1 EL Semmelbrösel
Butterschmalz
Butter

Renate Mähn
Bischofsheim
Wielandhof an der L 3482
Tel. 06144/1563

Zubereitung:

Den Spargel waschen, schälen, in Stücke schneiden und in mit Salz, Zucker und zwei Blatt Zitronenmelisse gewürztem Wasser bissfest garen, abgießen und auskühlen lassen.
Das Schweinefilet in Scheiben schneiden und in Butterschmalz von beiden Seiten anbraten, anschließend in eine gefettete Auflaufform legen.
Die Pilze putzen und in Scheiben schneiden, dann im Bratfett andünsten. Den Spargel kurz mitdünsten und über dem Fleisch verteilen.
Die Crème fraîche und die Sahne in die Pfanne geben, mit Salz, Pfeffer und Curry kräftig würzen, aufkochen lassen. Die Sauce mit hellem Soßenbinder binden, noch einmal abschmecken und über das Fleisch gießen.
Den Käse überstreuen, danach die Semmelbrösel und zum Schluss Butterflöckchen obenauf setzen.
Im Backofen bei 225 Grad 20 bis 25 Minuten backen.

Spargel auf Rührei mit Räucherlachs

Für 4 Personen

Zutaten:

1 kg Spargel
Salz, Zucker
1 TL Butter
8 Eier
100 ml Sahne
Pfeffer
80 g Butter
16 kleine Scheiben Räucherlachs
Dill

Zubereitung:

Den Spargel waschen, schälen, mit Salz, Zucker und 1 Teelöffel Butter 15–20 Minuten garen lassen.
Eier mit Sahne verquirlen, salzen und pfeffern und in Butter zu Rührei verbraten.
Rührei auf einer gewärmten Platte anrichten, den Spargel daraufgeben, die restliche Butter bräunen und auf den Spargel träufeln.
Den Räucherlachs über den Spargel legen und mit Dill garnieren.
Dazu passen in Butter geschwenkte Pellkartoffeln.

Inge und Rudolf Jörg
Gernsheim
Waldstraße 23 (Allmendfeld)
Tel. 06258/3706

Gegen Gelbsucht und Hämorrhoiden

Im Mittelalter wurde der Spargel hauptsächlich in Klostergärten – gemäß der antiken Überlieferung – als Heilpflanze angebaut. Die von Ärzten und Apothekern verfassten Rezepte aus Spargelwurzeln, Sprossen und Samen dienten gekocht, gedörrt oder pulverisiert als Mittel gegen „Steinleiden, Herzklopfen, Husten, Rheuma, Gicht, Milz- und Leberleiden, Gelbsucht, Hämorrhoiden, Ruhr, Magenschwäche und Milchschorf". Auch wurden ihm aphrodisierende, potenzsteigernde und sogar empfängnisverhütende Wirkungen nachgesagt. Selbst gegen Bisse giftiger Tiere sollte ein Sud aus Spargelwurzeln und Wein helfen. Die Erfindung des Buchdrucks durch Johannes Gutenberg ermöglichte die Verbreitung der Kräuterkunde. Das erste gedruckte Kräuterbuch „Herbarius Maguntiae" erschien 1484 in der Werkstatt von Peter Schöffer in Mainz. Geboren wurde Schöffer in Gernsheim, also im heutigen Kreis Groß-Gerau.

Rindermedaillon mit Stangenspargel „satt“

Für 4 Personen

Zutaten:

ca. 3 kg Stangenspargel
600 g Rindermedaillon
600 g neue Kartoffeln
Kümmel, Salz und Pfeffer,
Zitronensaft

für die Kräutersauce:
250 ml Sahne
150 ml Crème fraîche
1 Eigelb
Estragon, Kerbel

Garnitur:
Zuckerschoten
Fingermöhren

Zubereitung:

Spargel schälen und in Wasser mit etwas Zucker, Salz und Zitrone bissfest garen.
Kartoffeln in Salzwasser mit etwas Kümmel kochen.
Estragon und Kerbel fein schneiden.
200 ml Sahne zum Kochen bringen, die Kräuter und Crème fraîche zugeben. 50 ml Sahne mit dem Eigelb verrühren. Die Sauce von der Herdplatte nehmen und die Eiersahne unterrühren. Mit Salz und Pfeffer würzen.
Zuckerschoten und Möhren in Salzwasser blanchieren.
Medaillons braten und mit Salz und Pfeffer würzen. Zusammen anrichten.

Hotel Fasanerie
Groß-Gerauer Straße 16
Groß-Gerau-Berkach
Tel. 06152/189-0

Rehrollbraten mit Spargelgemüse

Für 4 Personen

Zutaten:

1 Rippenstück vom Reh (Knochen auslösen)
150 g Rehfleisch ohne Haut und Sehnen
100 g durchwachsenes Schweinefleisch
50 g frische Pfifferlinge
100 ml süße Sahne
40 g Zwiebeln
50 g Schweineschmalz
1/2 l Fleischbrühe
1/8 l trockener Rotwein
200 g Röstgemüse (Zwiebeln, Lauch, Karotten, Sellerie)
3 Nelken
9 zerdrückte Wacholderbeeren
1 EL Tomatenmark
Salz, schwarzer Pfeffer, Muskat
6 Zweige frischer Thymian

für das Spargelgemüse:
750 g Spargel
2 Zwiebeln
2 EL Butter oder Margarine
1 TL Fleischbrühe
1/8 l süße Sahne
2 EL Mehl
2 Eigelb
Salz, weißer Pfeffer, Muskat, Saft von 1/4 Zitrone,
1 TL Worcestersoße

Restaurant „Forsthaus Kühkopf“
Rüdiger Siebrasse
Riedstadt-Erfelden
Tel. 06158/3068

Zubereitung:

Reh- und Schweinefleisch durch den Fleischwolf drehen (feine Scheibe), danach im Mixer unter Zugabe der Sahne zu einer Farce verarbeiten und mit Pfeffer und Muskat abschmecken.
Pfifferlinge, Zwiebeln und die Blätter von drei Thymianzweigen fein hacken und mit der Farce vermischen.
Das vorbereitete Rippenstück rechteckig auslegen, die Farce ca. 2 cm dick darauf verteilen, einrollen und mit Küchengarn umwickeln, salzen und pfeffern.
Das Schweineschmalz in einem Bräter erhitzen, den Rollbraten darin scharf anbraten, dann aus dem Topf nehmen.
Das Röstgemüse in den Topf geben und Farbe annehmen lassen, Tomatenmark hinzufügen, mit Rotwein ablöschen und einkochen lassen.
Die Fleischbrühe, die restlichen Thymianzweige, die Nelken und Wacholderbeeren hinzufügen.
Den Rollbraten in den Bräter geben und unter mehrmaligem Wenden ca. 60 Minuten bei schwacher Hitze schmoren. Dann herausnehmen und warm stellen.
Die Soße durch ein Sieb streichen, etwas einkochen lassen, mit Speisestärke binden, evtl. mit Salz und Pfeffer nachwürzen.

Das Garn vom Rollbraten entfernen und das Fleisch in ca. 1 cm dicke Scheiben schneiden.
Für das Gemüse den Spargel schälen und in 3 cm lange Stücke schneiden. Zwiebelwürfel in Fett glasig dünsten, den Spargel, $^1/_2$ l Wasser und Fleischbrühe zugeben und zugedeckt 30 Minuten dünsten lassen. Dann den Spargel herausnehmen.
Sahne und Mehl mit dem Eigelb verquirlen und mit der Spargelbrühe verrühren, nicht mehr kochen lassen. Die Soße mit Salz, Pfeffer, Muskat, Zitronensaft und Worcestersoße würzen und den Spargel wieder hineingeben.
Den Rollbraten auf die Teller verteilen, mit Soße überziehen, dazu das Spargelgemüse und Salzkartoffeln reichen.

Gugelhupf vom Gerauer Spargel

und Räucherlachs mit gebratener Rotbarbe
an Bärlauchpesto und balsamicomarinierten Blattsalaten

Für 4 Personen

Zutaten:

Gugelhupf:
6 Blätter Gelatine
6 Scheiben Räucherlachs
$^1/_4$ l Wasser
250 g Spargel
50 ml Tomatensaft
50 ml geschlagene Sahne
1 Thymianzweig

Bärlauchpesto:
250 g frischer Bärlauch
30 g Pinienkerne
100 ml Olivenöl
30 g geriebener Parmesan
Salz und Pfeffer aus der Mühle

Sonstiges:
8 Stück Rotbarbenfilets
50 ml Olivenöl zum Braten

für den Salat:
1 Kopf Salat (Kopfsalat oder Lollo Rosso)
1 Bund Ruccolasalat
50 ml Balsamicoessig
50 ml Walnuss- oder Traubenkernöl
30 ml Geflügelfond
Basilikum
30 g Pinienkerne
Salz, Pfeffer aus der Mühle

Landhotel „Mönchbruchmühle“
Mönchbruch 1
Mörfelden-Walldorf
Tel. 06105/924 30

Zubereitung:

Gelatine in kaltem Wasser einweichen. Den Spargel schälen und aus den Schalen, zusammen mit Butter, Zucker, Salz, dem Thymianzweig und etwas Balsamico einen Sud zubereiten. Den geschälten Spargel darin ca. 16 Minuten kochen, anschließend herausnehmen.

Eine Gugelhupfform mit Räucherlachs auslegen, dabei eine Scheibe zurückbehalten.

Die Tomate mit kochendem Wasser überbrühen und die Haut abziehen, anschließend Kerne entfernen und den Rest in kleine Würfel schneiden.

50 ml Tomatensaft erhitzen, mit Salz, Pfeffer und Basilikum würzen. Zwei Blatt Gelatine zufügen und in die Gugelhupfform füllen, anschließend kalt stellen.

Vom Spargel die Spitzen abschneiden und als Einlage bzw. Garnitur zurücklegen.

Den restlichen Spargel mit dem Fond im Mixer pürieren, danach passieren. Restliche Gelatine erwärmen, in die Spargelmasse geben und das Ganze in die Gugelhupfform füllen.

2 Stunden kühlen.

Den Bärlauch blanchieren und im Mixer mit Salz, Parmesan, Pinienkernen und Olivenöl zu einer geschmeidigen Masse zerkleinern.

Die Rotbarbenfilets mit Zitrone beträufeln, salzen und mit Mehl bestäuben. In Olivenöl von jeder Seite 1 Minute braten, danach warm stellen.

Die geputzten Blattsalate mit einer Marinade aus Salz, Pfeffer, Balsamicoessig, Walnussöl, 2 EL Geflügelfond und den fein gehackten Kräutern marinieren und auf einem Teller schön arrangieren.

Den Gugelhupf stürzen, portionieren und zusammen mit dem Bärlauchpesto und den Rotbarbenfilets neben dem Salat anrichten.

Lachsforelle im Spargelbett

Für 2 Personen

Zutaten:

eine Lachsforelle (küchenfertig)
1 kg Spargelspitzen
500 g neue kleine Kartoffeln
5–6 Schalotten
2 junge Porreestangen
150 g Butter
Salz, Pfeffer und Zitronensaft

Zubereitung:

Die Kartoffeln schälen, die Schalotten pellen und den Porree putzen, waschen und in 3 bis 4 cm große Stücke schneiden. Die Kartoffeln mit den Schalotten ca. 4 Minuten blanchieren, danach die gereinigten und geputzten Spargelspitzen und den Porree zugeben, noch ca. 4 Minuten garen. Das Gemüse mit den Kartoffeln auf ein Sieb geben.
Die Forelle kalt abspülen, mit Salz und Pfeffer würzen und mit Zitronensaft einreiben. Dann in der Mitte einer Auflaufform anrichten, das Gemüse um den Fisch geben, mit Salz und Pfeffer würzen, mit der zerlassenen Butter übergießen und bei 200 Grad ca. 20 Minuten garen, dabei mehrmals mit dem Bratfond übergießen.

Restaurant „Rheingold“
Rheinstraße 39
Gernsheim
Tel. 06258/949 00

Spargel auf Mailänder Art

Für 4 Personen

Zutaten:

2 kg Spargel
50 g Butter
Salz, Zucker und Saft einer halben Zitrone
Sauce Hollandaise von 4 Eiern
200 g Mozzarella
Concasse von 4 Tomaten
1 EL frisch gehacktes Basilikum

Zubereitung:

Den Spargel in Salzwasser mit einer Prise Zucker, der Butter und dem Zitronensaft kochen. Gekochten Spargel mit einem Schaumlöffel auf eine Platte legen. Tomatenconcasse und Hollandaise auf dem Spargel verteilen und mit Basilikum bestreuen. Zuletzt den in Scheiben geschnittenen Mozzarella auflegen und unter dem sehr heißen Grill gratinieren.
Als Beilagen wählt man Rosmarinkartoffeln (kleine, neue Pellkartoffeln in Butter schwenken und mit Rosmarin bestreuen) sowie pro Person ein kleines Kalbssteak (150 g). Als Garnitur verwendet man Basilikumsträußchen.

Hotel-Restaurant „Zum Ratskeller“
Hauptstraße 27
Ginsheim-Gustavsburg
Tel. 06144/2151

Spargel-Broccoli-Gratin

Für 4 Personen

Zutaten:

800 g Spargel
200 g Broccoli
20 g Butter
50 g Mehl
1/4 l Sahne
2 Eigelb
200 g Mozzarella
100 g gekochter Schinken
800 g Kalbsrücken
Salz, Pfeffer, Muskat, Öl

Hotel-Restaurant „Rheinischer Hof“
Hauptstraße 51
Ginsheim-Gustavsburg
Tel. 06144/935400

Zubereitung:

Den Spargel schälen und in ca. 4 cm große Stücke schneiden. Danach in gesalzenes kochendes Wasser geben und auf kleiner Flamme 17 Minuten ziehen lassen. Beim Broccoli werden die Stiele abgeschnitten. Die Röschen kommen wie der Spargel ins kochende Wasser, sollen aber nur ca. 8 Minuten auf kleiner Flamme ziehen.
Den Kalbsrücken in ca. 200 g große Stücke schneiden, würzen und mit etwas Öl ca. 8 bis 10 Minuten in der Pfanne braten.
Butter und Mehl verkneten, in die Sahne (vorher aufkochen lassen) krümelweise einrühren und nochmals kurz aufkochen. Sahne vom Feuer nehmen, Eigelb unterrühren und würzen. Schinken (in Streifen geschnitten), Broccoli und Spargel unterheben. Das Ganze dann über die Kalbsrückensteaks gießen, mit Mozzarella (in Scheiben geschnitten) belegen und kurz überbacken.
Als Beilage werden neue Kartoffeln empfohlen.

Spargel mit Seeteufel-Medaillons

Für 4 Personen

Zutaten:

2 kg weißer Stangenspargel
1/2 Zitrone
1/2 Orange
800 g Seeteufel
Salz, Pfeffer
50 g Butter
Crème fraîche
1/4 l Fischfond
6 EL Wermutwein
1 große Kartoffel
1 Ei
Zuckerschoten und kleine Karotten zum Garnieren

Hotel-Restaurant „Roter Hahn“
Hessenring 61
Rüsselsheim
Tel. 06142/9 55 40

Zubereitung:

Den Spargel schälen und in Salzwasser mit einer Prise Zucker, und je einer Zitronen- und Orangenhälften bissfest kochen. Den Seeteufel vom Fachgeschäft in je drei bis vier Medaillons schneiden lassen. Die Kartoffel schälen und auf einer Reibe fein reiben, das Ei zugeben und verrühren. Die Seeteufel-Medaillons mit Salz und Pfeffer würzen, dann mit Mehl bestäuben und mit der Kartoffelmasse leicht bestreichen. In einer beschichteten Pfanne auf beiden Seiten etwa drei Minuten anbraten.
Für die Soße 1/4 l Fischfond mit Wermutwein einkochen, Crème fraîche hinzugeben und mit Butter leicht aufschlagen, mit Salz und Pfeffer abschmecken.
Spargel auf vorgewärmten Tellern sternförmig anrichten, mit warmer Soße begießen. Seeteufel-Medaillons darauf legen. Mit kurz gegarten Zuckerschoten oder Zucchini und kleinen Karotten garnieren.

Stangenspargel mit Räucherlachs
in Kräutercrêpe auf Malteser Soße

Für 4 Personen

Zutaten:

400 g weißer Stangenspargel

Salz, Zitrone, Butter und
1 Prise Zucker
60 g Räucherlachs in Scheiben

für den Crêpeteig:
125 ml Milch
50 g Weizenmehl
Salz, Pfeffer
1 Ei
20 g Olivenöl
frische Kräuter (Basilikum, Kerbel, Estragon, Sauerampfer)

für die Malteser Soße:
1 Eigelb
80 g geklärte Butter
Saft einer halben Blutorange
Blutorangenfilets zur Dekoration
4 cl Reduktion aus trockenem Riesling, Pfefferkörnern,
1 Prise Cayennepfeffer
je 1 Stange Estragon und Kerbel

Zubereitung:

Spargelstangen schälen und in dem Spargelwasser 15 bis 20 Minuten garen.
Aus der Milch, dem Mehl und dem Ei einen Crêpeteig herstellen und die gewaschenen Kräuter einrühren.
Die Reduktion aufkochen, 10 Minuten ziehen lassen und dann abseihen.
Die Crêpes in der Pfanne ausbacken, mit Räucherlachsscheiben belegen und den noch bissfesten Spargel auflegen. Nun beide Seiten einrollen.
Beim Anrichten die Crêpes in die Mitte des Tellers legen, mit zerlassener Butter bestreichen und die Malteser Soße, die aufgeschlagen wurde wie eine Hollandaise, links und rechts neben den Crêpe geben.
Mit Blutorangenfilets garnieren.

Restaurant Ratskeller
Marktplatz 4
Rüsselsheim
Tel. 06142/648 73

Souffliertes Seezungenröllchen

Für 4 Personen

Zutaten:

750 g weißer Spargel
500 g grüner, wilder Spargel
1 Seezunge à 800 g
100 g Lachs
50 g Sahne
1 Ei

Zubereitung:

Die frische Seezunge wird filetiert, die vier Filets werden gewürzt und anschließend aufgerollt.
Der frische Lachs wird nun zusammen mit dem Ei und der Sahne gut gekühlt in einem Mixer zu einer Farce verarbeitet und gewürzt.
Den geschälten weißen Spargel und den ungeschälten grünen Spargel lässt man in leichtem Salzwasser ca. 10 Minuten garen.
Nachdem man die Seezungenröllchen nun mit der Lachsfarce gefüllt hat, werden diese im Wurzelsud pochiert.
Schließlich werden die Seezungenröllchen auf den vorgewärmten Tellern angerichtet und mit dem Spargel umlegt.
Nach Belieben kann man das Ganze auch kurz unter den Salamander oder in den Backofen geben, damit es eine goldgelbe Farbe erhält.
Als Beilage werden Schwenkkartöffelchen serviert. Zu diesem Saisongericht empfehlen wir einen badischen weißen Burgunder Kabinett trocken.

Gasthaus „Tannenhof"
Frankfurter Straße 132
Groß-Gerau
Tel. 06152/4687

Frisches Königseesaibling-Filet mit Pfifferlingen

in Kräutersahne mit Stangenspargel und Pariser Kartoffeln

Für 4 Personen

Zutaten:

4 große Saiblingfilets (evtl. Forellenfilets) frisch

400 g Pfifferlinge
1 kg geschälter Spargel
400 ml Sahne
1 Bund Kräuter
50 g mildes Dörrfleisch, gewürfelt
1 kleine Zwiebel, gewürfelt
2 EL Butter
3 EL Butterschmalz
Salz, Gewürze, etwas Zitronensaft, Mehl
12 kleine Kartoffeln

Zubereitung:

Die Kartoffeln schälen, waschen und in kochendem Salzwasser bissfest garen, abschütten und kalt stellen.
Den Spargel schälen und 18 Minuten in Salzwasser garen.
Die Pfifferlinge putzen, eventuell waschen und zusammen mit der klein geschnittenen Zwiebel und dem gewürfelten Dörrfleisch andünsten, mit der Sahne übergießen und dann zu einer sämigen Soße reduzieren. Die gehackten Kräuter dazugeben und abschmecken.
Die Saiblingfilets würzen und mit Zitrone marinieren, in Mehl wenden.
In einer heißen Pfanne mit Butterschmalz braten, dabei mehrmals wenden.
In einer zweiten Pfanne die abgekühlten Kartoffeln in Butter goldgelb braten.
Den Spargel und das Saiblingsfilet auf einem Teller anrichten und mit der Soße übergießen.
Die Kartoffeln in einer Schüssel extra servieren.

Gasthaus „Zum Löwen"
An der Pforte 3
Groß-Gerau-Wallerstädten
Tel. 06152/5 73 03

Kalbsfilet in der grünen Burg

Für 4 Personen

Zutaten:

2 EL Sonnenblumenöl
2 EL Zitronensaft
1/2 TL Kräuter der Provence
500 g Kalbsfilet
1,5 kg Spargel
10 Spinatblätter
30 g Mandelblättchen
250 ml Sauce Hollandaise
2 Tomaten
1 Bund Petersilie
1 kg Gnocchi
1 Prise Muskatnuss
10 g Butter

Restaurant „Zur guten Stube"
Darmstädter Landstraße 123
Ginsheim-Gustavsburg
Tel. 06134/75 71 00

Zubereitung:

Öl mit Zitronensaft und den Kräutern der Provence verrühren. Kalbsfilet in acht Scheiben schneiden, in den Kräutern wenden und 1 Stunde ziehen lassen.
Den Spargel 10 Minuten kochen.
Die Spinatblätter putzen und die Stiele entfernen.
Das Kalbsfilet würzen und kurz anbraten, dann in den Blattspinat einwickeln. Auf den Spargel legen und im geschlossenen Topf mit dem Spargelsud ca. 10 Minuten gar ziehen lassen.
Die Gnocchi kurz aufkochen, mit einer Prise Muskatnuss würzen und dann in Butter schwenken. Mandelblättchen ohne Fett rösten, die Hollandaise erwärmen.
Die Filets auf dem Spargel anrichten und mit Hollandaise nappieren. Die Mandelblättchen darüber streuen.
Tomaten putzen und entkernen und in kleine Stücke schneiden, Petersilie waschen und klein schneiden. Tomaten und Petersilie als Garnierung über den Teller streuen und evtl. mit 1 Erdbeere verzieren.

Spaghetti mit Spargel

Für 4 Personen

Zutaten:

300 g süße Sahne
750 g grüner Spargel
300 g gekochter Schinken (gewürfelt)
1–2 EL Tomatenmark
2 Eigelb
400 g Spaghetti
Salz und Pfeffer

Zubereitung:

Den geputzten grünen Spargel (nur an der unteren Hälfte geschält) in 2 cm große Stücke schneiden und 5–10 Minuten garen.
Die Sahne zum Kochen bringen und den klein gewürfelten Schinken sowie die Spargelstücke hineingeben. Mit Salz und Pfeffer würzen, dann das Tomatenmark unterrühren und die Soße mit dem Eigelb legieren.
Die Spaghetti al dente kochen und mit der heißen Spargelsoße servieren.

Dammel's Hoflädchen
Bahnhofstraße 19
Nauheim
Tel. 06152/6 12 55

Vom Fließband auf den Spargelacker

Es mag erstaunen, aber der Spargelanbau entwickelte sich in unserer Region parallel zur Industrialisierung. Der allmählich wachsende Wohlstand erhöhte die Nachfrage nach dem edlen Gemüse. Angebaut wurde er wesentlich von ehemaligen Kleinbauern, die nun in der Fabrik ihr Auskommen fanden. Auf den verbliebenen Parzellen warf der Spargel einen guten Zuverdienst ab. Die feldmäßigen Anbaumethoden wurden seit 1893 von Daniel Bernhardt und Peter Klingler in Klein-Gerau erprobt, die ihre Kenntnisse aus Mainz-Mombach mitgebracht hatten. Es folgten Nauheim und Groß-Gerau, wo die 1899 gegründete Konservenfabrik Helvetia für eine erhöhte Nachfrage sorgte. Für die Nebenerwerbsbauern war eine zentrale Vermarktung wichtig, so kam es 1928 auf Veranlassung von Valentin Bernhard, Klein-Gerau, zur Gründung der „Starkenburger Obst- und Gemüseabsatzgenossenschaft" (Stoga) mit Sitz zunächst in Groß-Gerau, ab 1934 dann in Nauheim. Heute nimmt die Obst- und Gemüse-Zentrale in Griesheim diese Funktion ein.

Kräuter-Spargel
mit Räucherlachs und Reibekuchen

Für 4 Personen

Zutaten:

1,2 kg weißer Spargel
je ein Bund Dill, Petersilie und Schnittlauch
1 TL rosa Pfefferkörner
Salz, Zucker
1 TL Butter
4 EL Weißweinessig
2 EL Sonnenblumenöl
250 g Räucherlachs

für die Reibekuchen:
500 g mehlig kochende Kartoffeln
1 Ei
2–3 EL Mehl
Salz, Pfeffer aus der Mühle
etwas Butterschmalz

Zubereitung:

Den Spargel waschen, schälen und die holzigen Enden abschneiden. Dann in Wasser mit Salz, Zucker und Butter ca. 10–15 Minuten bissfest garen.
Inzwischen die Kräuter waschen, trocken schütteln und hacken. Aus Essig, Salz, Pfefferkörnern, Öl und 6 El Spargelsud eine Marinade rühren. Die Kräuter untermischen.
Spargel aus dem Wasser nehmen und in ein flache Schale legen. Kräutermarinade darüber geben und ca. 2 Stunden ziehen lassen.
Die Kartoffeln schälen, fein reiben. Das Mehl und das Ei dazugeben. Mit Salz und Pfeffer würzen.
Die Reibekucken in einer Pfanne mit Butterschmalz goldgelb braten. Die Reibekuchen aus der Pfanne nehmen, auf ein Backblech mit Küchenpapier legen und im Backofen bei 50 Grad warm stellen.
Den Räucherlachs auf vier Tellern anrichten, den Spargel aus der Marinade nehmen, auf den Lachs verteilen und etwas Marinade darüber geben. Zusammen mit dem Reibekuchen servieren.

Altrheinschänke Ginsheim
Mainzer Straße 51
Ginsheim-Gustavsburg
Tel. 06144/3 11 19

Stangenspargel mit Garnelen-Saltimbocca

Für 4 Personen

Zutaten:

2 kg Spargel
320 g schwarze Nudeln
8 Riesengarnelen
8 Scheiben Parmaschinken
Salbei
2 Tomaten
1 Knoblauchzehe
Kresse
Salz, Pfeffer, Butter, trockener Weißwein, Lauch

Hotel und Restaurant „Lindenhof"
An der Siedlung 1
Kelsterbach
Tel. 06107/93 30

Zubereitung:

Den Spargel schälen und in leicht kochendem Wasser mit etwas Salz und Zucker bissfest garen. Die Stangen in vier Portionen bündeln und mit Lauchstreifen zusammenbinden.
Garnelen vorsichtig schälen und den Darm entfernen. Danach auf beiden Seiten mit Salz und Pfeffer würzen, Salbei und Parmaschinken auflegen und mit einem Zahnstocher befestigen.
Tomaten kurz überbrühen und die Haut abziehen. Kerngehäuse entfernen, in Würfel schneiden und in Butter ausschwenken.
Die schwarzen Nudeln al dente kochen. Die Riesengarnelen in etwas Butter braten, eine gehackte Knoblauchzehe zugeben und mit einem Schluck trockenem Weißwein ablöschen. Garnelen auf ein Kressebett geben und zusammen mit den schwarzen Nudeln und den Spargelbündeln auf einem Teller anrichten. Mit Tomatenwürfeln garnieren und mit zerlassener Butter überziehen.

Spargel-Ratatouille

Für 4 Personen

Zutaten:

1 kg Spargel
200 g Shrimps
125 g Mozzarella
1 Avocado (butterweich)
1 Fleischtomate
1 kleine Aubergine
1 Knoblauchzehe (gehackt)
3 EL Olivenöl (kalt gepresst)
Salz, Pfeffer, Saft einer Limone

Zubereitung:

Die Avocado halbieren und den Kern entfernen, anschließend schälen. Aubergine waschen. Tomate mit kochendem Wasser überbrühen und häuten. Alles in kleine Würfel schneiden.
Olivenöl in einem Topf erhitzen und den Knoblauch darin andünsten, das Gemüse dazugeben und alles zusammen ca. 5 Minuten dünsten. Anschließend mit Salz, Pfeffer und Limonensaft abschmecken.
Den Spargel schälen, ca. 12 bis 15 Minuten in Salzwasser kochen und auf einer feuerfesten Platte anrichten.
Mit der vorbereiteten Soße übergießen, Shrimps darüber verteilen und mit klein gehacktem Käse bestreuen.
Im Backofen bei Oberhitze so lange überbacken, bis der Käse verlaufen ist. Sofort servieren.
Als Beilagen werden neue Kartoffeln, Basmatireis oder Bandnudeln und frisches Weißbrot empfohlen.

Restaurant „Gernsheimer Schiff"
Wormser Straße 8
Gernsheim
Tel. 06258/4408

Spargelpfännchen

Für 1 Person

Zutaten:

300 g Spargel
150 g Schweinelende, geschnetzelt
150 g gekochte Kartoffeln
80 g Champignons
Sauce Hollandaise,
Schnittlauch, Zitronenmelisse oder andere frische Kräuter
Salz, Zucker, Pfeffer

Zubereitung:

Den Spargel in Salzwasser bissfest garen.
Das geschnetzelte Fleisch anbraten, aus der Pfanne nehmen und anschließend in der Pfanne die in dicken Scheiben geschnittenen Kartoffeln goldgelb braten.
Die Champignons und das Fleisch hinzugeben, gut durchschwenken und dabei würzen. Zum Schluss den Spargel in das Pfännchen legen und die Sauce Hollandaise darüber geben und mit den Kräutern arrangieren.

Hotel-Restaurant
„Darmstädter Hof"
Rüsselsheimer Straße 31
Kelsterbach
Tel. 06107/23 23

Feine Spargeltorte

Zutaten:

1,5 kg Spargel
Salz, 1 Prise Zucker
1 TL Butter
1 Packung Tiefkühlblätterteig (300 g)
Mehl zum Ausrollen
200 g gekochter Schinken in Streifen
4 Eigelb
1/4 l Schlagsahne
weißer Pfeffer

Zubereitung:

Den geschälten Spargel in kochendes Salzwasser mit Zucker und Butter geben. 10 Minuten vorkochen. Im Sud auskühlen und auf einem Tuch abtropfen lassen.
Den nach Anweisung vorbereiteten Blätterteig auf Mehl ausrollen. Eine Springform von 26 cm Durchmesser mit kaltem Wasser ausspülen. Mit dem Teig auskleiden. 15 Minuten ruhen lassen. Teig mehrmals mit der Gabel einstechen.
Spargel einfüllen. Die Schinkenstreifen darauf verteilen.
Eigelb und Sahne verquirlen. Mit Salz und Pfeffer abschmecken. Auf den Spargel gießen. Im vorgeheizten Backofen bei 225 Grad (Gas: Stufe 4) auf mittlerer Schiene 45 Minuten backen. Heiß servieren.
Dazu passt ein nicht zu trockener Weißwein.

Spargelanbau und Hofladen
Fam. E. und R. Müller
Vorderstraße 7
Nauheim
Tel. 06152/644 49

Spargel im Rock

Für 4 Personen

Zutaten:

720 g frischer Stangenspargel, weiß, geschält
100 g Weizenmehl
200 ml Milch 3,5 % Fett
2 Eier
120 g Schmand
200 ml Sauce Hollandaise
40 g Haselnüsse gemahlen
10 g Petersilie
Salz, Pfeffer

Zubereitung:

Aus Mehl, Milch, Eiern und Salz einen Crêpeteig herstellen und dünne Crêpe ausbacken.
Die Haselnüsse rösten und mit der Hollandaise verrühren. Den Schmand mit der Petersilie vermengen und mit Salz und Pfeffer abschmecken. Den Spargel garen.
Zum Anrichten heißen Spargel auf einen Crêpe legen und etwas Schmand darauf geben. Den Spargel in den Crêpe so einschlagen, dass die Spargelköpfe herausschauen.
Anschließend mit der erwärmten Sauce nappieren.

Hotel „Adler“
Frankfurter Straße 11
Groß-Gerau
Tel. 06152/80 90

Grüner und weißer Spargel mit Steinbuttmus

Für 4 Personen

Zutaten:

je 500 g weißer und grüner Spargel
Salz, 1 Prise Zucker
300 g Steinbuttfilet
1/2 l Fischfond
2 Eiweiß
125 g Crème fraîche
Cayenne-Pfeffer
1 kleiner Bund Estragon
2 Schalotten
1/8 l trockener Weißwein
1 Spritzer Wermut
160 g gesalzene Butter
frisch gemahlener Pfeffer

Spargelhof Bernd Melchior
Hessenring 15
Büttelborn
Tel. 06152/57 000

Zubereitung:

Spargel in Salzwasser mit Zucker blanchieren, den weißen ca. 10 Minuten, den grünen ca. 5 Minuten, herausnehmen, in Eiswasser abschrecken, abtropfen lassen und der Länge nach halbieren.
Steinbutt filetieren. Aus der Karabasse einen Fischfond kochen, absieben und noch etwas reduzieren.
Die Filets durch die feinste Scheibe des Fleischwolfs drehen bzw. möglichst fein hacken. Mit dem Eiweiß im Mixer pürieren. Alles durch ein Haarsieb streichen und kalt stellen. Nach ca. 30 Minten die Crème fraîche löffelweise unterziehen. Mit Salz und Cayenne abschmecken.
Weißen und grünen Spargel abwechselnd in leicht gebutterten Formen auslegen, die Formen mit dem Steinbuttmus auffüllen, mit Alufolie abdecken und in heißem Wasserbad im Backofen 15–20 Minuten bei 80 Grad garen. Das Wasser darf nicht kochen!
Währenddessen die Estragonsauce zubereiten: Zwei Drittel der gewaschenen Estragonblätter mit der Hälfte des Fischfonds im Mixer pürieren. Die Schalotten schälen, in feine Würfel schneiden und mit dem Rest des Fonds, dem Weißwein und dem Wermut auf ein Drittel reduzieren. Topf vom Herd nehmen und die eiskalte, gesalzene Butter flöckchenweise einrühren. Estragonfond dazugeben, abschmecken und durch ein Sieb passieren.
Formen aus dem Ofen nehmen, in eiskaltem Wasser abschrecken und auf Teller stürzen. Den Auflauf vorsichtig herauslösen und mit dem Rest der Estragonblättchen garniert servieren.

Trewerer Spargelgericht

Für 4 Personen

Zutaten:

600 g Schweinelende, in Scheiben geschnitten
2 kleine Zwiebeln, klein gewürfelt
1 kg weißer Spargel, geschält
Salz, 1 Prise Zucker
Dill-Veloute vom Spargelfond (weiße Soße)
Sauce Hollandaise
400 g kleine neue Kartoffeln
2 Bund Dill
125 g geriebener Emmentaler
1 Bund Petersilie
8 Eier
200 g Champignons
frisch gemahlener Pfeffer, Kümmel

für die Veloute:
30 g Butter
70 g Mehl
$^1/_2$ l Spargelfond

für die Sauce Hollandaise:
3 Eigelb
175 g zerlaufene Butter
5 EL Riesling (trocken) Salz, Cayennepfeffer, Zitronensaft, Pfefferkörner

Hotel-Restaurant „Zum Erker“
Hauptstraße 1
Trebur
Tel. 06147/914 80

Zubereitung:

Den Spargel schälen und waschen, holzige Enden abschneiden, in vier Einheiten à 250 g binden und in fast kochendem Salzwasser (80–90 Grad) mit einen Schuss Zitronensaft garen.
Dabei darauf achten, dass die Köpfe nicht verkochen. Der Spargel ist dann fertig, wenn die Enden weich sind.
Herstellung der Dill-Veloute (Weiße Sauce):
Die Butter im flachen Topf erhitzen, aufschäumen lassen. Mehl einstreuen und verrühren. Bei schwacher Hitze unter Rühren etwa 5 Minuten farblos anschwitzen. Mit $^1/_2$ l erkaltetem Spargelfond aufgießen, erhitzen und bis zum Kochpunkt mit einem Schneebesen rühren.
Danach lässt man die Sauce langsam auskochen und rührt dabei ab und zu um, damit sie nicht ansetzt.
Die fertige Grundsauce wird durch ein Tuch passiert und die Oberfläche mit Butter beträufelt, damit sich bei der Abkühlung keine Haut bildet.
Zum Schluss den fein geschnittenen Dill einrühren.

Herstellung der Sauce Hollandaise:
Vorab die Butter erhitzen, nicht zu stark, bis sich das klare Butterfett oben absetzt. Dann 5 EL Weißwein und 3 Eigelb im Wasserbad bei 65° C cremig aufschlagen. Dann wird das abgekühlte Butterfett tropfenweise in die Wein-Ei-Emulsion untergeschlagen, durchgerührt und die Sauce mit Salz, Zitrone und Cayennepfeffer abgeschmeckt.
Die Kartoffeln mit Salz und Kümmel kochen, danach pellen und in schäumender Butter anschwitzen. Die gehackte Petersilie dazugeben und die Kartoffeln schön goldbraun darin schwenken.
Das in $1^1/_2$ bis 2 cm dicke Scheiben geschnittene Schweinefilet zusammen mit den Champignons und den Zwiebelwürfeln in Butter langsam anbraten, salzen und pfeffern.
Den portionierten Spargel auf der Mitte eines Tellers platzieren, darauf das angebratene Schweinefilet mit den Champignons verteilen. Mit der Dillsauce überziehen und darauf die Sauce Hollandaise verteilen. Gut mit Emmentaler Käse bestreuen und im Ofen bei 250 Grad unter dem Grill überbacken. Dabei darauf achten, dass der Käse nicht braun wird.
Die angeschwenkten Petersilienkartoffeln separat servieren.

Spargel-Lendenauflauf

Für 4 Personen

Zutaten:

1 Schweinelende
750 g weißer Spargel
500 g Champignons
150 ml Crème fraîche
150 ml süße Sahne
1 Päckchen helle Soße (Fertigprodukt)
200 g geriebener Käse
Curry, Salz, Zucker, Pfeffer, Butterflocken, Semmelbrösel

Zubereitung:

Den Spargel schälen und waschen, in 2 bis 3 cm lange Stücke schneiden und in mit Salz und 1 Prise Zucker gewürztem Wasser leicht angaren.
Die Pilze putzen und in Scheiben schneiden.
Die Schweinelende in Scheiben schneiden und in heißem Fett kurz anbraten. Mit Salz und Pfeffer würzen, aus der Pfanne nehmen und in eine Auflaufform schichten.
Die Spargelstücke und die Pilze in derselben Pfanne dünsten, salzen und pfeffern und dann über das Fleisch geben.
Die Crème fraîche und die süße Sahne in die Pfanne geben, kurz aufkochen, mit Salz, Pfeffer und Curry würzen und mit heller Soße binden und dann über das Fleisch und die Pilze verteilen.
Semmelbrösel, Käse und Butterflöckchen darüber streuen und im vorgeheizten Backofen bei 225 Grad ca. 20 bis 25 Minuten abgedeckt fertig garen.

Spargel- und Erdbeerhof Hirsch
Oberach 2
Trebur
Tel. 06147/3167

Spargel-Risotto

Für 4 Personen

Zutaten:

1 kg grüner Spargel
500 ml Hühnerbrühe
500 ml Gemüsebrühe
4 EL Olivenöl
1 kleine Zwiebel, fein gehackt
350 g Risottoreis
75 g Parmesan, gerieben
3 EL Crème double
Salz, Pfeffer

Hotel-Restaurant „Riedstern“
Stahlbaustraße 17
Riedstadt-Goddelau
Tel. 06158/922 10

Zubereitung:

Den Spargel waschen, die holzigen Enden entfernen (hält man die Stange an beiden Enden und biegt sie vorsichtig, bricht sie am richtigen Punkt). Die Spitzen (ca. 3–4 cm) abschneiden.
Die Spargelstangen 8 Minuten in kochendem Wasser sehr weich kochen. Abgießen und mit der Hühner- und der Gemüsebrühe in einem Mixer 1 Minute lang pürieren. Das Ganze in einen Suppentopf gießen, aufkochen lassen und anschließend bei schwacher Hitze köcheln.
Die Spargelspitzen 1 Minute in kochendem Wasser blanchieren, abgießen und mit Eiswasser übergießen. Zur Seite stellen.
Das Olivenöl in einem größeren Topf erhitzen, die Zwiebel darin dünsten, bis sie weich, aber nicht braun ist.
Dann den Reis zugeben und den Herd auf niedrige Stufe zurückschalten. Würzen und kurz umrühren.
Eine Kelle der köchelnden Brühe einrühren. Bei mittlerer Hitze unter ständigem Rühren immer weiter köcheln lassen. Sobald die Brühe aufgenommen ist, eine weitere Kelle zugeben. Auf diese Weise fortfahren, bis die gesamte Brühe verarbeitet worden und der Reis al dente ist. (Eventuell wird nicht die gesamte Brühe benötigt.)
Parmesan und Crème double einrühren. Dann vorsichtig die Spargelspitzen unterheben.
Würzen und heiß servieren.

Spargelparfait auf Erdbeerrosette
mit Karamellstange

Für 6-8 Personen

Zutaten:

Parfait:
200 g geschälter Spargel
60 ml Spargelfond ohne Salz

170 ml Milch
70 g Zucker
2 Eigelb
¼ Vanilleschote
220 g Sahne
5 g Schokoraspel

für die Erdbeerrosette:
500g frische Erdbeeren

für die Verzierung:
200 g Zucker für
Karamellstange

Gasthaus „Zum Rheintal"
Riedstadt-Leeheim
Geinsheimer Straße 6
Tel. 06158/718 81

Zubereitung:

Geschälten Spargel in kleine Stücke schneiden und mit Spargelfond und Milch so lange kochen, bis er weich ist. Das Ganze dann mit dem Stabmixer pürieren. Die pürierte Masse abwiegen (muss 300 g ergeben). Ggf. mit Milch auf 300 g aufgießen.
Zucker und Eigelb in einem Topf verrühren, Spargelpüree und das Mark aus der Vanilleschote dazugeben. Unter ständigem Rühren zum Kochen bringen. Abkühlen lassen.
Sahne schlagen und Schokoraspeln dazugeben. Geschlagene Sahne unter das erkaltete Spargelpüree heben.
Die Masse in Formen (Kaffeetassen, Einweg- oder Plastiktrinkbecher, kleine Backformen etc.) abfüllen und 24 Std. tiefgefrieren.
200 g Zucker für die Karamellstange in einem Topf verlaufen lassen, bis er sich vollständig aufgelöst und eine leicht bräunliche Farbe angenommen hat. Warme Karamellmasse mit einem Esslöffel auf Backpapier laufen lassen, so dass ein länglicher Streifen entsteht. Stäbe erkalten lassen und vorsichtig vom Backpapier lösen.
Erdbeeren waschen, aufschneiden und als Kreis auf einem Teller anrichten. Gefrorenes Parfait unter warmem Wasser aus der Form lösen und in die Erdbeerrosette setzen.
Karamellstangen zur Dekoration vorsichtig in das Parfait stecken.

Groß-Gerauer Spargelpionier versorgt den Viktualienmarkt

Ein bekanntes Spargelanbaugebiet liegt heute in Schrobenhausen zwischen Augsburg und München. Und – kaum zu glauben – es war der Groß-Gerauer Christian Schadt, der den Spargel dorthin brachte. Schadt wurde 1870 als Sohn des Bauern Philipp Adam Schadt und seiner Frau Margarethe, geb. Maus, in Groß-Gerau geboren. Nach seiner Ausbildung zum Geometer wurde er Vorstand des Groß-Gerauer Vermessungsamtes. Daneben erhielt er sich seine Leidenschaft für die Landwirtschaft und baute Spargel an, den er auch nach München lieferte. Schließlich machte er sich auf die Suche nach einem Standort in Süddeutschland. In Schrobenhausen ergab sich die Gelegenheit zum Kauf eines Hofes und die Voraussetzung, dort Spargel anzubauen. Ab 1916 konnte er auf dem Oberhaidhof die erste Ernte einbringen und belieferte nun verstärkt die Münchner Märkte.

Russische Charlotte mit Erdbeeren

Für 4 Personen

Zutaten:

6 Eier
140 g Zucker
60 g Mehl
15 g Maizena
Salz
Erdbeergelee
1/4 l Milch
1 Vanillestange
4 Blatt Gelatine
100 g Erdbeermark
1/4 l geschlagene Sahne
500 g Erdbeeren
Puderzucker, Grand Manier,
gehackte Pistazien

Volkshaus Büttelborn
Mainzer Straße 85
Büttelborn
Tel. 06152/558 58

Zubereitung:

Vier Eier und 90 g Zucker im Wasserbad auf ca. 37 Grad erwärmen und mit einem Rührbesen kalt schlagen, dann das Mehl und das Maizena mit einer Prise Salz vorsichtig unterrühren.
Auf Pergamentpapier glatt streichen und sofort bei 200 Grad vier Minuten lang backen.
Ein Geschirrtuch ausbreiten, mit Zucker bestreuen und den Biskuit darauf stürzen.
Sofort mit Erdbeergelee bestreichen, aufrollen und auskühlen lassen.
Vier Kaffeetassen mit Klarsichtfolie auslegen. Die Biskuit-Roulade in Scheiben schneiden und in den Tassen gleichmäßig den Boden und die Seiten auslegen.
Die Vanillestange in 1/4 l Milch aufkochen. Zwei Eigelb und 50 g Zucker verrühren, in die kochende Milch geben und gut verrühren. Die Masse unter ständigem Rühren erhitzen bis kurz vor dem Aufkochen. Sofort vom Herd nehmen und durch ein Sieb in eine kalte Schüssel passieren. Die Gelatine einweichen, ausdrücken und der Masse beigeben.
250 g Erdbeeren putzen, waschen und zusammen mit dem Puderzucker mit dem Stabmixer pürieren und unter die leicht erkaltete Masse ziehen. Dann 1/4 l Sahne schlagen und kurz vor dem Ausstocken unterziehen.
Die Masse in die vorbereiteten Tassen füllen und kalt stellen.
250 g Erdbeeren waschen, vierteln und mit Puderzucker und Grand Manier marinieren.
Die Charlotte stürzen, mit den Erdbeeren ausgarnieren und mit gehackten Pistazien bestreuen.

Karamelisierte Spargelspitzen

Für 4 Personen

Zutaten:

500 g weißer Spargel
Salz, 1 Prise Zucker
150 g Zucker
Saft von 4 Limonen
3 cl Grand Manier

Spargelhof Bernd Melchior
Hessenring 15
Büttelborn
Tel. 06152/57 000

Zubereitung:

Den Spargel schälen und 10 Minuten in kochendem Salzwasser mit einer Prise Zucker zugedeckt knackig blanchieren. Herausnehmen und die Spitzen ca. 5 cm lang abschneiden. Der Rest kann zur Herstellung einer Sauce oder Suppe verwendet werden.
Den Zucker in einer Pfanne schmelzen, bis er karamelisiert. Mit Limonensaft ablöschen, den Likör zugeben und gut durchkochen lassen. Bei Bedarf noch etwas Wasser zufügen.
Wenn die Karamelsauce dickflüssig ist, die Spargelspitzen zufügen und 2–3 Minuten überziehen lassen.
Dazu passen frische Erdbeeren mit Mandelblättchen und Pistazien und zum Beispiel eine kühle Maibowle.

Am liebsten frisch – Spargel in Zahlen

In Deutschland wird Spargel heute auf ca. 18.500 ha Land angebaut. Unter den Gemüsearten ist dies flächenmäßig „Platz 1" und entspricht 15,6 % des Freilandgemüseanbaus. Durchschnittlich verzehrt jeder Deutsche jährlich 1,1 kg frischen Spargel – und dies hauptsächlich in der heimischen Saison, denn im Gegensatz zu den meisten Obst- und Gemüsearten ist frischer Spargel weitgehend ein Saisonprodukt geblieben. Zum Einkauf fahren die meisten Verbraucher direkt zum Erzeuger wie man bei uns an den vielen „fremden" Kennzeichen zwischen April und Juni sehen kann. 45% des in Deutschland angebauten frischen Spargels wird dort eingekauft. Weitere 35% werden auf Wochenmärkten und an Verkaufsständen gehandelt. Das gibt es bei keiner anderen Gemüseart, und so ist die Bedeutung von Supermärkten und Discountern für den Spargelabsatz mit 20% gering.

In Biebesheim gibt es Vögel aus allen Teilen der Erde:

„Mit dem Storch auf Du und Du!“

Als „aufgeklärte“ Menschen wissen wir, dass das Vorhandensein des Adebars wenig aussagt über die Summe der neugeborenen Babys. Aber ein Indikator für die ökologische Qualität einer Region ist die Anzahl der Störchennester allemal. Nachdem in den 70er Jahren der Storch weitgehend aus der Landschaft verschwunden war, kann man im Kreis Groß-Gerau in den letzten Jahren immer häufiger (wieder) Störche beobachten.

Besonders erfolgreich sind die Bemühungen zur Wiederansiedlung des „Klapperstorchs“ im und in der Umgebung des Biebesheimer Vogelparks gelungen. Aus den ersten vier Jungstörchen, die 1981 hier in die „freie Natur“ entlassen wurden, sind inzwischen weit über hundert geworden. Und seit 1986 werden die Biebesheimer Störche gar von einem Mitarbeiter des Institutes für Vogelforschung „Vogelwarte Helgoland" beringt, um ihren weiteren Weg verfolgen zu können.

Das Pärchen Weißstörche, das im Eingangsbereich des Parks im Anglerweg die Besucher begrüßt, ist zwar aus Holz – aber ansonsten klappert es allenthalben, kann man zu allen Jahreszeiten frei fliegende Artgenossen beobachten. Die Biebesheimer Störche, sie haben sich längst für das Überwintern im Hessischen Ried entschieden und verzichten auf den anstrengenden Urlaubsflug nach Afrika – zur Freude der Besucher des Vogelparks. Die Nester auf dem Parkgelände sind gut frequentiert.

Geöffnet hat der Vogelpark das ganze Jahr über. Auf dem 20 000 Quadratmeter großen Gelände sind – neben dem Weißstorch – Vögel aus allen Teilen der Erde zu sehen und zu hören. Vom kleinen Zebrafink bis zum großen Nandu, von bekannten einheimischen Exemplaren bis hin zu Exoten aus dem tropischen Regenwald zwitschert es in allen Tonlagen. Info-Schilder an den Volieren informieren über Art, Herkunft und Verbreitungsgebiet – und machen den Ausflug in den Park damit zu einer kleinen Biologie-Stunde.

Im Eingangsbereich warten daneben zwei weitere Attraktionen auf die jüngeren Besucherinnen und Besucher: zum einen das Affenhaus mit den verspielten Kapuzineräffchen, und zum anderen der große Kinderspielplatz. Und wer sich nach dem Rundgang stärken möchte, kann das in der angrenzenden Gastwirtschaft ebenfalls tun.

Die Mitglieder des Vereins für Vogelzüchter und Liebhaber, die den Vogelpark ehrenamtlich mit großem Engagement betreuen, haben natürlich nicht nur den Weißstorch im Blick. Vor einigen Jahren wurde in der unmittelbaren Nachbarschaft ein Gelände von rd. 10 000 Quadratmetern erworben, um die Unterbringungsmöglichkeiten für Großvögel zu verbessern.

Im Vogelpark befindet sich auch eine Unterbringungsstation für beschlagnahmte Vögel. Seit 1991 unterhält der Verein diese Station, die für den Zoll, das Bundesamt für Naturschutz, die Polizei, Staatsanwaltschaften und Veterinärämter ein wichtiger Bestandteil im Kampf gegen illegale Tierimporte und Verstöße gegen den Tier- und Artenschutz darstellt.

Der Eintritt zum Vogelpark ist übrigens kostenlos. Das ist nicht nur besonders besucherfreundlich, das spart zudem auch Verwaltungsaufwand. Eine Spende zur Unterstützung der ehrenamtlichen Arbeit wird aber gerne angenommen.

ÖFFNUNGSZEITEN: täglich ab 11 Uhr, kein Ruhetag, Eintritt frei
www.vogelpark-biebesheim.de • Tel. 06258/81865
ANFAHRT: In Biebesheim Richtung Rhein, der Beschilderung „Vogelpark“ folgend
ÖPNV: Haltestelle „Rheinstraße“

In Bischofsheim will der Heimatverein ein Zeitzeugnis erhalten:

Ein Damm gegen Hochwasser und Räuber

Früher hat er einmal das Bild und das Leben in der Gemeinde geprägt, und auf alten Fotografien ist er noch deutlich zu erkennen, heute fristet er eher ein Schattendasein – der Bischofsheimer Ortsdamm. Längst ist die Gemeinde über die von ihm vorgegebenen Grenzen hinausgewachsen, und an drei Stellen durchschneiden stark befahrene Straßen den einst zwei bis drei Meter hohen Erdwall. Aber nicht nur die Mitglieder des örtlichen Heimat- und Geschichtsvereins sind stolz auf dieses Stück Heimatgeschichte der Eisenbahnergemeinde. Ihre Bemühungen zielen darauf, die Reste des Damms zu erhalten und als Spazierweg zu erschließen. Erste Einstiege gibt es bereits.

Wann der Wall einst angelegt worden war, liegt heute noch immer im Dunkeln. Älteste Hinweise datieren aus dem Jahr 1641. Und in der Kirchenchronik ist im Jahr 1658 vermerkt, dass an einem 14. Februar selbigen Jahres das Eis auf dem Main brach und das Wasser vor dem Ort so stark anstieg, dass der Erdwall um das Dorf die Wassermassen nicht mehr aufhalten konnte. Gleiches soll auch im Jahr 1682 geschehen sein, wäh-

rend im Jahr 1674, so die Chronik, der „Wall gehalten" hatte.
Gründe für die Anlage eines Damms hatte es auch im Mittelalter schon hinreichend gegeben. Der Main floss damals direkt vor den ersten Häusern Bischofsheims vorbei, und die Hochwasser von Rhein und Main verbreiteten im Dorf in wiederkehrenden Abständen Angst und Schrecken.
Ähnliches wird auch für die vom 16. bis 18. Jahrhundert immer wieder durchs Land ziehenden Räuber- und Soldatenhorden gegolten haben: auch sie sollten durch den Damm außen vor gehalten werden. Was dann auch erklärt, warum der Damm einst zusätzlich mit einem Graben und einer dicht verschlungenen Hecke gesichert gewesen ist. Auch die Anordnung der eng nebeneinander stehenden und somit einen Gürtel bildenden Scheunen auf der Innenseite des Damms dürften den wehrhaften Charakter verstärkt haben.
Integrale Bestandteile der Damm-Anlage waren vermutlich von Anfang an seine Durchlässe, Pforten und Tore. Wir können sie heute nur noch erahnen. Alte Ortsnamen wie „Pforte" (an der Volksbank), „Brücke" (Richtung Polizei) und „Stiegel" (Frankfurter Straße) lassen den Verlauf und das Ziel der von hier ausgehenden Straßen erkennen. Allen Öffnungen war gemeinsam, dass sie am Abend und in Notzeiten geschlossen wurden und im Falle eines Hochwasser mit Bohlen doppelwandig gesichert werden konnten.
Leider ist von diesen, einst in Sandstein ausgeführten Einfassungen heute nur noch ein kümmerlicher Rest gegenüber der Volksbank in der Darmstädter Straße zu erahnen. Bischofsheimer Heimat- und Geschichtsforscher setzen sich deshalb dafür ein, eine komplette Durchfahrt zu rekonstruieren – als ein das Ortsbild prägendes Projekt, das zugleich die Identität der Eisenbahnergemeinde stärkt.
Weitere interessante Zeugnisse aus der Geschichte Bischofsheims finden sich in dem vom Heimat- und Geschichtsverein gepflegten Museum in der Darmstädter Straße. Dort wird vor allem auch die Bedeutung der Eisenbahn für die Entwicklung der Gemeinde gewürdigt.

Museum Bischofsheim • Darmstädter Straße 2 • 65474 Bischofsheim
ÖFFNUNGSZEITEN: jeden 2. und 4. Sonntag von 14 bis 18 Uhr u. nach Vereinbarung
KONTAKT: Heimat- und Geschichtsverein Bischofsheim, Volker Schütz • Telefon: 06144/6188
ÖPNV: Haltestelle „Rheinstraße"

Am Steinwiesenpfad gerät man ins Staunen:

Försteridylle im Wiesental

Wir fahren mit dem Rad von Worfelden hinter dem Golfplatz nach Norden, Richtung Mörfelden. Erst geht's über den Apfelbach, dann durch ein Waldstück. Plötzlichen, am Steinwiesenpfad, inzwischen bereits auf Mörfeldener Gemarkung, stoßen wir auf alte Gemäuer: Was mag das für ein Gebäude sein, das da unvermittelt im Wiesengrund auftaucht? Wer hat es gebaut? Wozu? Und was verbirgt sich heute hinter den Mauern?
Im Grunde beantwortet der Name der Anlage schon (fast) alle Fragen: Vor uns liegt das Forsthaus Wiesenthal, ein Forthaus im Wiesental! Das ist es heute. Und als solches war es einst Teil einer Jagdhofanlage des Landgrafen Ernst Ludwig VIII. von Hessen – und hat bestimmt schon glanzvollere Zeiten erlebt.

„In diesem Jahr stehet Wiesenthal herrlich aufgebauet", notierte ein Chronist 1725, im Jahr der Fertigstellung des Gebäudekomplexes. Die rechteckige Pavillonanlage bestand aus eingeschossigen Bauten mit Mansardendächern. Mittelpunkt war der „Herrenbau", ein von zwei quadratischen Häusern flankiertes größeres Gebäude. Zwei jeweils an den Schmalseiten des Ensembles gelegene Häuser dienten als weitere Wohnbauten. Das heutige Forsthaus sei „wohl das im Bilde hintere Haus auf der Schmalseite des Hofs", heißt es in einer Dokumentation der Stadt Mörfelden-Walldorf. Die nördlich gelegenen Gebäude waren Stallungen.
Die Stallungen sind vermutlich an Stelle eines noch älteren Jagdhauses des Landgrafen Georg I. (1557–1596) errichtet worden. Planer der Jagdhofanlage war Louis de la Fasse, Baumeister des barocken Darmstädter Residenzschlosses. Unsere heutigen Vorstellungen über die Architektur des Gebäudeensembles gehen auf ein Ölgemälde von Ernst August Schnitzspahn (1795–1882) sowie auf eine Karte im Jagdatlas von Landgraf Ernst Ludwig VIII. aus dem Jahr 1754 zurück.
Während der Blütezeit des Jagdhofs um das Jahr 1750 lebten dort ständig Zivilbedienstete des Landgrafen. Der Niedergang begann schon wenig später. Nach dem Tod des Landgrafen im Jahr 1768 wurde die Inneneinrichtung in die Darmstädter Infanteriekaserne und in die Hofküche gebracht. 1798 waren bereits drei Pavillons zerstört.
Ob das grundlegend renovierte Forsthaus Wiesenthal, das seit dem 1. Januar 2005 als Revierförsterei Apfelbachbrücke zum Forstamt Groß-Gerau gehört, immer als Forsthaus genutzt wurde, ist nicht mit letzter Sicherheit geklärt. Was wir allerdings wissen, und an was sich Musikliebhaber vielleicht auch noch erinnern: In den 60er- und 70er-Jahren des letzten Jahrhunderts wurde im Wiesenthal bei den Waldfestspielen klassische Musik unter freiem Himmel intoniert.
Spaziergänger und Fahrradfahrer erfreuen sich nicht alleine am Anblick des barocken Gebäudes und an der reichhaltig vorhandenen Vogelwelt. Das abwechslungsreiche Wiesengelände und der alte Laubwald – unweit des Forsthauses stehen einige alte Eichen, die als Naturdenkmäler ausgewiesen sind – ringsum laden ein, den Blick schweifen zu lassen.

Revierförsterei Apfelbachbrücke (Forsthaus Wiesenthal), Steinwiesenpfad, Mörfelden-Walldorf.
Die ANFAHRT ist nur per Fahrrad oder zu Fuß möglich. Von Mörfelden auf dem Radweg Nr. 23 entlang dem Steinwiesenpfad, von Worfelden kommend hinter dem Golfpark Bachgrund den ersten Weg links.

Hessens kleinste Kleinkunstbühne überrascht mit großem Programm:

Extraklasse hinter Efeuranken

Sie bezeichnet sich als „Hessens kleinste kommunale Kleinkunstbühne" – aber dies bezieht sich nur auf die Bühnengröße (6 qm) und die Zahl der Sitzplätze. Die sind mit 81, verglichen mit anderen Häusern, in der Tat recht knapp bemessen. Was das Programm angeht, das da alljährlich auf der Bühne in der Schulstraße in Büttelborn geboten wird, ist das Café Extra hingegen ganz groß. Das lässt sich nicht zuletzt daran erkennen, dass die rund 30 Aufführungen im Jahr meist schnell ausverkauft sind – und der eine oder andere Künstler deshalb auch schon einmal in den benachbarten Bürgerhaussaal nach Worfelden ausweichen muss, um der Publikumsnachfrage besser gerecht zu werden.

Wer's aber dann doch geschafft hat, eine Karte zu ergattern, darf sich seit nunmehr 16 Jahren auf hochkarätige Unterhaltung von Künstlerinnen und Künstlern freuen, die man aus Funk und Fernsehen kennt, und die auch in Großstädten Häuser zu füllen vermögen. Politisches Kabarett, Varieté, Comedy, Musik, Clownerie, ein breites Spektrum, alles echt Extraklasse – wie es Holger Bielohlawek, Kulturfachbereichsleiter der Gemeinde und „Vater des Café Extra", immer wieder schafft, auch die ganz Großen in „sein Haus" zu ziehen, bleibt sein Geheimnis.

Aber vermutlich liegt's an der besonderen Atmosphäre. Das Haus befindet sich ziemlich versteckt in einem eingewachsenen Wohngebiet, der Eingang ist nur bei genauerem Hinschauen zu erkennen, und die Efeuranken, die die alten Mauern umrahmen, lassen den kleinen Kulturtempel kaum ahnen. Ein Geheimtipp eben. Früher befand sich hier einmal die Grundschule.

Innen herrscht eine richtig heimelige Atmosphäre. Die Bühne ist dicht beim Publikum, die Künstler sind zum Anfassen nah – und sie setzen sich hinterher auch schon einmal auf ein Glas Wein zu den Gästen.

Holger Bielohlawek sitzt dann oft mit dabei. Das Café, das ambitionierte Programm, die Kulturarbeit - es ist sein Werk. Er hat's der Kommunalpolitik abgerungen, und er hat auch die Durststrecke in den Anfangsjahren

durchgestanden und ein begeistertes Publikum erreicht. Seine Kontakte in die Künstlerszene, weit über das Rhein-Main-Gebiet hinaus, sind exzellent. Und so manche „Größen", wie Michael Mittermeier, Anka Zink, Dieter Nuhr oder Richard Rogler hinterließen bereits ihre Visitenkarte in Büttelborn. Neben dem Gastspielangebot für Erwachsene gibt es regelmäßig auch besondere Kleinkunstdarbietungen für Kinder. Und wenn im Frühling Spargelzeit ist in Büttelborn, dann bietet das Café Extra auch immer wieder den einen oder anderen Extra-Leckerbissen für den Kopf, den Magen und die Seele. Aber Achtung: Auch hier sind die Karten meist ganz schnell ausverkauft.

Café Extra • Schulstraße 17 • 64572 Büttelborn
Tel. 06152/1788-45 • www.cafeextra.de
ÖPNV: Haltestelle „Kirche"

Die kleine Kapelle ist auch für Nicht-Pilger reizvoll:

Wallfahrt nach Maria Einsiedel

Ein Platz zur religiösen Besinnung und inneren Einkehr? In ländlicher Umgebung, fernab von der Hektik des Alltags? Und das im Kreis Groß-Gerau? Wer dies sucht, sollte sich vielleicht einmal zur Wallfahrtsstätte Maria Einsiedel, am südlichen Ende des Kreises bei Gernsheim gelegen, aufmachen. Zumindest dann, wenn keine größeren Pilgergruppen das Gelände belegen.

Die Spuren der Pilgerstätte reichen zurück bis ins Jahr 829. 1493 ist ein „Maria Ansidl bei Jernesem" nachgewiesen. Seit dem frühen 15. Jahrhundert wird hier ein Vesperbild verehrt. Die Legende erzählt, die Pieta sei unter einem Holunderstrauch gefunden und in die Pfarrkirche Gernsheim gebracht worden. Nachts sei die Darstellung der Mutter Gottes mit dem Leichnam des Sohnes auf den Knien auf unerklärliche Weise wieder zum Fundort zurückgekommen. Seitdem hat sie ihren Platz auf dem Hochaltar.

Die kleine spätgotische Kapelle wurde seit 1493 mehrfach umgebaut und erweitert. 1625 kam ein zweites Gnadenbild, die „böhmische Madonna" nach Einsiedel. Seitdem wird hier am 2. Juli (Mariä Heimsuchung) die Große Wallfahrt begangen. Eine zweite Wallfahrt findet am 14. September, dem Fest der Kreuzerhöhung statt.

Um den Pilgern Schutz vor den Unbilden der Witterung zu bieten, wurde 2001 eine große, funktional gestaltete Pilgerhalle errichtet. Daneben bietet ein schön gestalteter Freiplatz Gelegenheit zur inneren Einkehr. An Sonn- und Feiertagen finden regelmäßig Gottesdienste statt.

Auf dem Pilgerweg von Gernsheim nach Maria Einsiedel stehen, anstelle der ehemals hölzernen Kreuzwegstationen, seit 1929 neue Bildstöcke mit Terrakottabildern des leidenden Heilands. Übrigens: Von 1929 bis 1966 hatte ein Kapuzinerkloster zur Betreuung der Gnadenstätte bei Maria Einsiedel seinen Platz, ehe es wegen Nachwuchsmangel aufgegeben werden musste.

ANFAHRT: Über B 44 nach Gernsheim. Auf der Höhe von Gernsheim der Beschilderung nach Osten folgen. Mit dem Rad ist Maria Einsiedel über die Kreisroute 25 zu erreichen.
INFORMATIONEN: Seelsorgstelle Maria Einsiedel, Außerhalb 5, Gernsheim, Tel. 06258/3445

In Gernsheim wandelt Mario Derra auf den Spuren von Peter Schöffer:

Druckkunst im alten E-Werk

Gernsheim und das Druckhandwerk – da denkt man zunächst einmal an Peter Schöffer. Der Mitarbeiter von Johannes Gutenberg, der an der Verbreitung und Weiterentwicklung von dessen Druckkunst mit beweglichen Lettern ganz wesentlichen Anteil hatte, erblickte in der Stadt am Rhein um das Jahr 1425 herum das Licht der Welt. Und seit 2003 trägt Gernsheim auch offiziell seinen Namen, ist die „Schöfferstadt“.

Neuerdings wird auch der Name Mario Derra immer häufiger erwähnt! Auch er, wie Peter Schöffer in Gernsheim geboren (1954), auch er einer, dem die Liebe zu Papier, Druckerschwärze und Drucksteinen in die Wiege gelegt worden ist. Nach seinem Studium in Mannheim und Mainz sowie einer kurzen Episode in Bürstadt erwarb Mario Derra im Jahr 1995 das stark sanierungsbedürftige Alte Elektrizitätswerk in der Gernsheimer Stadtmitte. Mit ungeheurem Elan renovierte er, finanziell unterstützt vom Landesamt für Denkmalpflege, dieses Industriedenkmal. Im September 1998 fand die Wiedereröffnung statt. Das ehemalige Maschinenhaus wurde in eine Galerie verwandelt, in der wechselnde Ausstellungen zu sehen sind. Und im alten Kesselhaus sind jetzt ein Lehrmuseum und ein Atelier untergebracht, wo man dem Meister auch schon einmal über die Schulter schauen kann.

Inzwischen ist das Lehrmuseum von Derra zu einem beliebten Anlaufpunkt für Liebhaber von historischen Drucktechniken geworden. Hier werden nicht nur Mitarbeiter von Museen und Bibliotheken weitergebildet, auch Laien erhalten einen fachgerechten Einblick in die Verfahren des manuellen Bilddrucks. Besonderer Blickfang sind die zahlreichen historischen Druckpressen. Derra besitzt eine Lichtdruckschnellpresse, zwei lithographische Schnellpressen und eine Presse für Holzschnitte – allesamt noch funktionstüchtig. Daneben sind Reiberpressen, Schneidmaschinen und Radierpressen sowie historische Lithographiesteine vom Ende des 19. und frühen 20. Jahrhunderts zu bestaunen. Eine wirkliche Rarität ist seine Lichtdruckschnellpresse aus der Zeit um 1910. Davon gibt es weltweit nur noch ein knappes Dutzend.

Die Pflege und Betreuung der Druckpressensammlung macht aber nur einen Teil der Schaffenskraft von Mario Derra aus. In der Hauptsache ist er Künstler, Maler und Lithograph. Seine Lithographie „Massentourismus an den Zwölf Aposteln“, in einer Auflage von nur zwölf Exemplaren mit einer eigens dafür konstruierten Presse gezogen, ist mit 11,20 m Länge als „größte Lithographie der Welt“ als Guinness-Weltrekord anerkannt. Andere Bilder Derras zeigen Motive aus dem Kreis Groß-Gerau, zeigen dessen Vielgestaltigkeit und Widersprüchlichkeit: hier ländliche Idylle, dort industrielle Ausprägung, und dazwischen Menschen mit Eigenart und Eigensinn.

Mario Derra, Atelier und Sammlung historischer Drucktechnik, Altes Elektrizitätswerk
Riedstraße 28, Gernsheim, Tel. 06158/4828, www.mario-derra.de
ÖFFNUNGSZEITEN Dienstag + Donnerstag 8–12 Uhr. Jeden 1.+3. Samstag im Monat
Besichtigung des Alten E-Werkes und der Sammlung historischer Drucktechnik
Beginn 10 Uhr, Eintritt frei. ÖPNV: Haltestelle „Rheinstraße“

Hochheimer Weinberge und Mainzer Dom im Hintergrund:
Über den Damm zur Mainmündung

Wir starten unseren Spaziergang, der uns in die nordwestliche Ecke des Kreises führt, an der Kostheimer Schleuse – die, obwohl sie den Namen der Nachbargemeinde trägt, seit ihrem Ausbau in den 30er Jahren zu einem Wahrzeichen der Gemeinde Ginsheim-Gustavsburg geworden ist. An der verkehrsreichsten Binnenschleuse Deutschlands gibt es zu jeder Tageszeit Gelegenheit, den regen Schiffsverkehr zu beobachten – Gütertransport von der Nordsee bis zum Schwarzen Meer. Besonders spannend ist es, wenn ein großes Schiff die Schleuse passiert – was bis zu 80 mal am Tag vorkommt. Am Aufgang der Treppe überqueren wir übrigens, und das nicht zum letzten Mal im Verlauf des Rundwegs, den 50. Grad nördlicher Breite.

Auf dem linken Mainufer geht es in Richtung Westen. Zur linken Hand liegt Gustavsburg, auf der gegenüberliegenden Mainseite erstrecken sich die bekannten Hochheimer und Kostheimer Weinlagen. Links fällt das moderne Altenheim ins Auge, und daneben die Wohngebäude aus unterschiedlichen Abschnitten der Siedlungsentwicklung der Industriegemeinde. Die Stelle, wo der Weg neuerlich den 50. Breitengrad quert, wurde vom örtlichen Heimat- und Verkehrsverein unlängst deutlich markiert.

Wenn wir jetzt den Damm für ein paar Minuten in Richtung Ortsmitte verlassen, stoßen wir in der Kolpingstraße 9 auf das älteste Gustavsburger Gebäude. Das alte Fährhaus, erbaut 1834, war einst eine wichtige Station für Reisende, die, mit der Kutsche von Darmstadt kommend, über den Main nach Kostheim übersetzen wollten.

Jetzt weiter nach Westen, die Brückenauffahrt querend, zu den Sportfeldern. Am Fuß der Böschung empfiehlt sich ein kleiner Abstecher nach Süden, zu dem neu angelegten Burgpark. Der große Spielturm, der dem Eingangstor der 1632/33 errichteten Schwedenfestung nachempfunden ist, gilt heute als „heimliches Wahrzeichen" Gustavsburgs.

Auf zunächst noch asphaltiertem, später mit Schotter befestigtem Weg folgen wir den Schildern „Mainmündung". Schließlich öffnet sich der Blick auf den Ort, wo sich das dunkle Mainwasser mit dem helleren des Rheins vereinigt. Ein imposanter Platz: Hinter der breiten Wasserfläche grüßt die Silhouette der rheinland-pfälzischen Landeshauptstadt, stromaufwärts die alte Eisenbahnbrücke über den Rhein, stromabwärts die elegante Theoder-Heuss-Brücke mit ihrem nicht abreißenden Verkehr. Wir erkennen den tausendjährigen Mainzer Dom und unzählige Kirchen und Türme. Die Mainmündung – ein Rastplatz, wie er schöner nicht sein könnte.

Auf dem Rückweg, entlang der Bahnstrecke und durch die Gustavsburger Wohngebiete bleibt vielleicht noch ein wenig Zeit, um einen Blick auf die Siedlungshäuser rund um den Cramer-Klett-Platz zu werfen. Zwischen 1897 und 1906 für die Arbeiter des großen MAN-Werkes gebaut, wurden sie in den 80er Jahren aufwändig restauriert und modernisiert – und bilden ein außerordentlich gelungenes städtebauliches Ensemble.

INFO: www.ginsheim-gustavsburg.de
ÖPNV: Haltestelle „Am alten Fährhaus"

Idyllischer Rundweg über die kleine Rheininsel:

Mit der Fähre zur Nonnenaue

Von Norden, von Ginsheim aus mit der kleine Fähre über den Altrhein, ebenso wie von Süden, vom Gut Hohenaue über die Brücke am Steindamm, wo man den Kanufahrern zuschauen kann, die in der Strömung ihre Runden drehen: Die Zugänge zur Rheininsel Nonnenaue sind ebenso idyllisch wie es die Insel selbst ist. Im Westen der mächtige Rheinstrom mit den großen „Pötten", auf der anderen Seite der gemächliche Altrhein, dazwischen die weite Auenlandschaft mit ihren seltenen Pflanzen und Tieren und der gepflasterte Damm: Ein wahres Paradies für Radfahrer und Spaziergänger. Und ein ideales Ziel für einen Wochenendausflug.

Umso mehr, als es sich sowohl in Ginsheim als auch auf der Nonnenaue selbst ausgezeichnet einkehren lässt.

Zum Beispiel auf Gut Langenau, etwa auf halber Strecke der Insel gelegen. Efeuumranktes Fachwerk, frei laufende Gänse, alte Obstbäume, den Rhein vor Augen, ein Glas „selbst gekelterter Apfelwein" auf dem Tisch. Ein Platz, um die Seele baumeln zu lassen – leider nur im Sommer geöffnet.

Nach Norden, nach Ginsheim zu, wird die Insel ein wenig breiter. Um uns herum knorrige Eichen, Weiden- und Pappelgehölz, Vögel und Schmetterlinge. Ja nicht den Weg verlassen, um die sensible Natur zu stören!

An der Anlegestelle der Ginsheimer Fähre kann man Boote ausleihen und mit ihnen den Ginsheimer Altrhein hinaufpaddeln. Das kleine Fährboot „Johanna" verkehrt bis in den Herbst hinein. Die gemächliche Fahrt über den Altrhein hat ihren eigenen Reiz. Und der ist auch beim Bummel durch die alten Gassen Ginsheims zu spüren. Das Dorf wurde erstmals im Jahr 1211 urkundlich erwähnt. Auch hier gibt es zahlreiche Möglichkeiten zur „zünftigen Einkehr".

Für den Rückweg bietet sich als Alternative zur Nonnenaue auch der Radweg quer durch die Felder über Astheim und Trebur an – oder eben doch wieder die Insel. Hier gibt es unmittelbar an der Altrheinseite einen kleinen Ausweichweg, der zwar ein wenig holprig ist, dafür jede Menge Natur pur bietet – mit Schilfbeständen und Sumpflöchern. Nach vier Kilometern mündet der Weg auf die Hauptstrecke, nach weiteren zwei Kilometern ist man wieder am Ausgangspunkt beim Gut Hohenaue am Steindamm.

INFO: www.ginsheim-gustavsburg.de
www.hofgut-langenau.de
ÖPNV: Haltestelle „Heimatmuseum"

Zwei Groß-Gerauer Museen öffnen „Fenster in die Vergangenheit“:

Von Museum zu Museum bummeln

Museen eröffnen den Blick in die Vergangenheit – und gleich zwei dieser Fenster bietet die Kreisstadt Groß-Gerau ihren Besucherinnen und Besuchern im Herzen der Stadt an. Beide Museen haben unterschiedliche thematische Akzente und unterschiedliche Volumen, aber zweierlei ist ihnen gemeinsam: Sie werden beide außerordentlich liebevoll betreut, und in der jeweiligen Nachbarschaft gibt's Eisdielen und Cafés für eine kleine Erfrischung zwischendurch. Beide Museen sind nur wenige hundert Meter voneinander entfernt, sodass sich ein Besuch leicht mit einem kleinen Bummel durch die inzwischen neu gestaltete Innenstadt verbinden lässt.

Idyllisch im verkehrsberuhigten Fachwerkumfeld des Sandböhlplatzes ist das Handwerksmuseum der Groß-Gerauer Volksbank eingebettet. Die Bank selbst wurde im Jahr 1871 von örtlichen Handwerkern und Gewerbetreibenden gegründet. Einer der Gründungsväter war damals der Schreinermeister Johann Heinrich Schaab. In seinem Wohnhaus hielt er seinerzeit die Kassenstunden ab. Im Jahr 1918 übernahm Enkel Johann Adam Schaab das Anwesen und richtete 1922 in der Schreinerei seine „Mechanische Werkstatt" ein.

In dieser noch komplett ausgestatteten Werkstatt befindet sich heute das Museum. Zu sehen sind Handwerksgeräte der einst in Groß-Gerau vertretenen Berufe wie Tischler, Schmied, Schlosser, Maurer, Schuhmacher, Küfer, Friseur, Drechsler, Fleischer, Klempner und Zimmermann. Die meisten Gerätschaften stammen aus der Zeit des Übergangs von der rein handwerklichen Arbeit zum Maschinenzeitalter – und lassen heute noch die Kraft und die Kunstfertigkeit ahnen, die zu ihrer Handhabung einst erforderlich waren.

Ein besonderer Blickfang ist die liebevoll restaurierte, transmissionsgetriebene Drehbank. Sie ist übrigens, wie die ebenfalls zu bestaunende alte Fräse und eine Bohrmaschine

aus „grauer Vorzeit“, noch voll funktionsfähig. Nur noch im 1:10-Modell ist dagegen die erste Dampfmaschine des Kreises Groß-Gerau zu sehen. Wer sich nach dem Rundgang dann ausruhen möchte: Im Museumshof befindet sich eine kleine Gartenanlage mit Ruhebänken.
Oder man bummelt gleich weiter über den umgestalteten Marktplatz hinüber zum Stadtmuseum. Dort, gleich neben dem Gebäude der Stadtverwaltung, sind umfangreiche und besonders wertvolle Bestände zur Geschichte, Archäologie und Kunst der Stadt und des Umlandes zu bestaunen. Einst als Heimatmuseum gegründet, beherbergt es heute die umfangreichsten Sammlungen des Gerauer Landes. Die ständige Ausstellung im Obergeschoss beginnt mit der Mittelalter-Abteilung. Hier wird die Entwicklung Groß-Geraus unter der Territorialherrschaft der Grafen von Katzenelnbogen zum Wirtschafts- und Verwaltungszentrum mit der Stadt- und Marktrechtsverleihung von 1398 thematisiert. Die Abteilung zeigt neben zahlreichen Abbildungen und Informationstexten in Groß-Gerau gefundene mittelalterliche Keramik sowie einige Waffenfragmente.
Ein anderer Abschnitt gilt der Zeit zwischen 1600 und 1800 – mit Exponaten und Darstellungen zu den Themen Ortsbild und Ortsverfassung, Dreißigjähriger Krieg und Wiederaufbau, Bevölkerungsentwicklung und Sozialstruktur, vorindustrielle Wirtschaftsstruktur, Technik in Holz, herrschaftliche Jagd und Wohnen. Besonders herauszuheben sind die Zunfttruhen des 17. Jahrhunderts sowie ein Webstuhl aus dem Jahr 1794. Die dritte Abteilung behandelt die „Zeit des Umbruchs von 1800 bis 1850“ und die vierte die „Industrialisierung Groß-Geraus seit 1850“. Hier finden sich besonders viele Exponate, die die Entstehung der Nahrungsmittelindustrie in Groß-Gerau mit Ölfabrik, Brauerei, Konserven- und Zuckerfabrik abbilden – und auch zum Thema „Spargel“ gibt es allerhand zu sehen.
Dazu werden im Stadtmuseum immer wieder Sonderausstellungen gezeigt, deren Themen der Tagespresse zu entnehmen sind.

INFO: Das Stadtmuseum, Am Marktplatz 3, ist sonntags von 11 bis 17 Uhr geöffnet, bei Sonderausstellungen außerdem mittwochs von 10 – 12 Uhr, donnerstags von 14–17 Uhr und samstags von 10–12 Uhr. Eintritt: 1 Euro (Kinder und Jugendliche frei) Stadtmuseum Groß-Gerau, Am Marktplatz 3, Tel. 06152/716-295 www.gross-gerau.de Das Handwerksmuseum in der Schulstraße 3 ist donnerstags von 14 bis 17 Uhr sowie nach Vereinbarung (Tel. 06152/714-406) geöffnet. Der Eintritt ist frei. ÖPNV: Haltestelle „Marktplatz“

Im Tierpark Fasanerie gibt's allerhand zu sehen und zu streicheln:

Nachwuchs im Luchsgehege

In manchen Teilen des 50 Jahre alten Tierparks „Fasanerie" in Groß-Gerau scheint die Zeit stehen geblieben zu sein, andere präsentieren sich in moderner Ausstattung. Nichts geändert hat sich am Zuspruch. Vor allem für Familien mit kleinen Kindern ist der regelmäßige Besuch des Tierparks Pflicht. Im Sommer werden sie dann bereits am Eingang von einem Pfau begrüßt, und im Hintergrund sieht man auch schon einmal die Zebus grasen.

Die Fasanerie gehört wie der Wasserturm, die Stadtkirche und die Zuckerfabrik zu den prägenden Bauwerken der Kreisstadt. Wer auf der Bundesstraße 44 ins Ried unterwegs ist oder von dort kommt, muss an der grauen Mauer zwischen Berkach und dem Stadtteil Esch vorbei. Gleich hinter der Steinpforte befindet sich dann schon der Parkplatz, und von hier aus sind es nur noch ein paar Meter auf guten Wegen durch den mit wunderschönen alten Bäumen bewachsenen Park. Der Besuch des Tierparks lässt sich also bestens mit einem kleinen Spaziergang verbinden – und ein großer Bolzplatz, eine Grillhütte und ein Kleinkinderspielplatz ergänzen das Angebot.

Entstanden ist die Fasanerie dank der Jagdleidenschaft von Landgraf Ernst Ludwig. Von 1722 bis 1726 wurde die Mauer um das rund 15 Hektar große Gelände gezogen. Errichtet übrigens aus den Trümmern von Schloss Dornberg gleich gegenüber, das 1689 von einem Feuer zerstört worden war. Damit der Landgraf aber nahe bei seinem Jagdplatz wohnen konnte, hatte man auf dem Areal des Schlosses ein neues Haus errichtet, das heute noch als Wohnhaus dient. Schloss Dornberg selbst wird derzeit umgebaut und soll in den nächsten Jahren einmal ein Kulturzentrum beherbergen.

Der Tierpark ist entlang der südlichen Mauer auf einer Fläche von 20 000 Quadratmetern untergebracht und ganzjährig geöffnet. Zu sehen sind über 650 Tiere aus 74 verschiedenen Arten. Manche können im „Streichelzoo" angefasst werden, bei anderen ist Vorsicht geboten. Das kleinste Tier ist das Streifenhörnchen, das größte das afrikanische Zeburind. Und natürlich gehören auch verschiedene Fasanenarten zum Besatz der Fasanerie.

Dass sich die Tiere in ihren Gehegen recht wohl fühlen, ist an ihrem Nachwuchs zu sehen. Im Wildschweingehege am Ende des Tierparks etwa gehören Frischlinge in allen Größen zum festen Bestandteil. Auch bei den Hängebauchschweinen tummeln sich alljährlich die Kleinen, Enten und Schwäne haben regelmäßig Junge und selbst beim Luchs gibt es hin und wieder Nachwuchs.

Der 1953 gegründete Tierpark wird von einem Verein betreut, dessen Mitglieder mit enormem ehrenamtlichem Engagement bei der Sache sind. Die Stadt Groß-Gerau zahlt einen Personalkostenzuschuss für die beiden hauptamtlichen Tierpfleger, und ansonsten ist der Verein neben den Eintrittsgeldern auf Spenden angewiesen. Und am Eingang steht ein Container für Brotreste.

INFO: Die Fasanerie befindet sich im Groß-Gerauer Stadtteil Dornberg.
Parkmöglichkeiten gibt es unmittelbar hinter der Einfahrt von der B 44 aus. Öffnungszeiten täglich von 9 bis 18 Uhr, im Winter schließen die Pforten um 17.30 Uhr. Der Eintritt beträgt für Erwachsene 2,50 Euro, Kinder zahlen 1,50 Euro.
ÖPNV: Haltestelle „Fasanerie/Dornberg Mitte"

Im Wald westlich von Groß-Gerau lässt es sich herrlich entspannen:

Zum Lustlager des Erbprinzen

Türen auf und raus aus dem Auto! Der Hund kann es kaum erwarten, endlich an die frische Luft zu kommen. Wir sind auf der B 44 Richtung Mörfelden gefahren und hinter den letzten Häusern von Groß-Gerau nach rechts Richtung Schützenhaus abgebogen. Dort gibt es genügend Parkplätze, und dort kann man hinterher auch einkehren.

Aber zuvor wollen wir im Wald spazieren gehen. Die Luft duftet heute ganz herrlich, also den Hund an die Leine genommen und los geht's. Der weiche Sandboden federt die Schritte ab, macht das Laufen richtig zur Wohltat. Der Blick ist den Wald gerichtet, vielleicht zeigt sich ja ein Reh. Oder in die andere Richtung schauen, über Äcker und Hecken in die Ferne.

Es muss ja nicht immer der Mönchbruch nördlich der B 44 sein. Das Waldgebiet zwischen dem Schützenhaus und der Bahnstrecke Frankfurt-Mannheim ist nicht minder ideal für einen kleinen Spaziergang: Hier kann man sich nicht verlaufen. Immer im Kreis um den Wald und schon ist man wieder am Ausgangspunkt angelangt. Im Herbst bieten zahlreiche Brombeerhecken ihre süßen schwarzen Früchte an. Im Sommer locken außerdem noch zwei Biergärten: der eine direkt am Schützenhaus gelegen, der andere ein paar Meter um die Schießanlage der Bogenschützen herum zum Schäferhundeverein.

Heute wollen wir aber unsere Ruhe haben und suchen deshalb den Weg mitten ins Waldstück hinein. Ab und zu kommt ein Jogger entgegen, und auch Reiter wissen den weichen Waldboden zu schätzen. Sonst ist aber alles ruhig. So, genug spazieren gegangen. Jetzt wollen wir uns hinsetzen. Am besten bei der Lustsäule. Ihr Standort liegt ein wenig versteckt im Wald, ist am besten direkt vom Schützenhaus aus zu finden. Von der Bank aus können wir uns in Ruhe die Säule anschauen und dabei unseren Gedanken nachhängen. Wie mag das Gebiet hier vor 200 Jahren ausgesehen haben? Bäume scheint es jedenfalls nicht gegeben zu haben, wenn man den Text auf der Steinsäule richtig deutet:

„Zum Gedächtnis des Lustlagers welches unser Durchl. Herr Erbprinz mit der geliebtesten Frau Gemahlin in einer zahlreichen fürstlichen Gesellschaft im Jahr 1782 im Monat August iz tagelang höchst vergnügt und zur Freude des Volcks auf diesem Feld gehalten hat. Diese Dencksäule sezt die Statt Gerau frolockend über die Glückseligkeit unserer Zeiten und der Nachkommen 1782".

Hier hat sich also der Erbprinz damals in die Sommerfrische begeben. Heute würden wir es wohl Zeltlager nennen. Oder vielleicht Open-Air-Event. Kaum vorstellbar, dass alles damals freies Feld gewesen sein soll. Doch wenn man sich die Bäume so anschaut, richtig dicke Stämme sind da ja nicht dabei. In alten Bildern oder Stichen wird dieser Eindruck bestätigt. Es scheint zumindest hier wenig Bäume gegeben zu haben. Wir atmen tief durch und genießen den Geruch von Wald und Erde.

INFO: Der Weg zum Schützenhaus zweigt von Bundesstraße 44 nach Südosten ab, zwischen Tankstelle und Stadtrand, auf das Hinweisschild achten, und dann vom Parkplatz aus zu Fuß direkt ins Feld und in den Wald.

Stadtmuseum zeigt Porzellankunst, made in Kelsterbach:

Für Polterabende viel zu schade

Porzellan – beim Gedanken an das „weiße Gold“ fallen uns zunächst Namen wie Meißen, Selb und Nymphenburg ein. Oder wir denken vielleicht noch an Höchst und die dortige Porzellan-Manufaktur. Aber auch auf der anderen Mainseite, in Kelsterbach, verstand man sich einst in besonderer Weise auf die Kunst, aus Kaolin, Quarz und Feldspat Geschirr oder fragile Figuren herzustellen.

Zu danken ist dies vor allem Landgraf Ludwig VIII. von Hessen-Darmstadt, der in der Mitte des 18. Jahrhunderts die Kelsterbacher Porzellanmanufaktur begründete. Sein Interesse galt vor allem dem figürlichen Porzellan – und in dessen Produktion waren die Kelsterbacher einst wahre Meister. Von 1761 bis 1802 dauerte die Hochzeit der hiesigen Porzellanherstellung. Daneben verließ, in den Jahren von 1765 bis 1840, auch Gebrauchskeramik, so genannte Fayence, die Brennöfen am Untermain.

Vieles mag zwischenzeitlich zerschlagen worden sein. Eine ganze Menge hat aber auch den Zahn der Zeit überlebt, und die schönsten Stücke aus der Manufaktur, das wertvolle Zeichen „HD“ tragend, sind im Kelsterbacher Stadtmuseum in der Marktstraße sowie im Rathaus in der Mörfelder Straße zu bestaunen. Ein Glanzstück ist dabei das von Peter Antonius Seefried, einem Schüler des berühmten F.A. Bustelli, geschaffene Kunstwerk „Das Jagdfrühstück“. Der Landgraf hatte es 1768 seiner Tochter, der Markgräfin von Baden-Durlach, geschenkt.

Und wer sich schon einmal zur Porzellanausstellung aufgemacht hat, der sollte natürlich auch einen Blick auf die anderen Exponate des Stadtmuseums werfen, z.B. auf die Ausstellung zur Geschichte der Kunstseide oder die Utensilien aus der seltenen Zunft der Hasenhaarschneider. Auch die Funde aus der Vor- und Frühgeschichte sind beeindruckend. So ist hier z.B. der Schädel der ältesten Hessin zu bestaunen. Er ist immerhin 32 000 Jahre alt.

ÖFFNUNGSZEITEN: Stadtmuseum Kelsterbach, Marktstraße 11, Mittwoch 17 bis 19 Uhr, Sonntag 14 bis 17 Uhr, Eintritt frei. Rathaus, Mörfelder Straße 33, Foyer, Montag bis Mittwoch und Freitag von 8 bis 12 Uhr, Donnerstags von 13.30 bis 18 Uhr. Führungen können hier wie dort unter 06107/ 7731 vereinbart werden. ÖPNV: Haltestelle „Schlossweg“

Die „Perle am Untermain“ trägt ihren Namen zu Recht:

Flanieren am „Nizza“

Nirgends ein Berg, wo die Aussicht frei ist – hat Georg Büchner, der bekannteste Sohn des Kreises, einmal gestöhnt. Vermutlich war er nie in Kelsterbach. Dort kann man in der Tat ins Tal hinabblicken: vom Oberdorf ins Unterdorf. Nun darf man beim Kelsterbacher Oberdorf nicht an Hügel oder gar Berge denken. In Wirklichkeit sind es nur ein paar Meter Höhenunterschied. Dafür ist das Unterdorf umso schöner. Und wenn man sich fragt, warum die kleine Stadt eigentlich den Titel „Perle am Untermain“ trägt, dann sollte man sich einmal in eben dieses Unterdorf aufmachen.

Der ältere Stadtteil mit seinen pittoresken Fachwerkbauten, dem Schlossbau aus dem 18. Jahrhundert, dem Stadtmuseum und der Neukelsterbacher Straße führen uns vor Augen, wie beschaulich das Leben hier früher einmal gewesen war.

Besonders sehenswert, und dies zu jeder Jahreszeit, ist allerdings das Kelsterbacher „Nizza“. Man braucht nicht lange zu fragen, warum der Volksmund der mit Blumen geschmückten Mainanlage diesen Namen gegeben hat. Am Flussufer lässt es sich trefflich flanieren. Zahlreiche Ruhebänke laden zum Verweilen ein, und beim Anblick der vorbeiziehenden Schiffe mag Fernweh aufkommen.

Das kann man übrigens an Ort und Stelle stillen. Von März bis Oktober legen die Ausflugsdampfer der Frankfurter Primus-Linie in Kelsterbach an – um dann weiter den Main und den Rhein hochzufahren: über Mainz bis nach Rüdesheim und Bingen.

Oder man entscheidet sich für einen Spaziergang durch die Kelsteraue in Richtung Schwanheim. Vom Rhein-Main-Flughafen, obwohl nur ein paar Kilometer Luftlinie entfernt, ist hier gar nicht viel zu hören. Am Wochenende kann man mit einer kleinen Personenfähre auf die andere Mainseite, nach Okriftel übersetzen. Der Mainuferweg lädt die Radfahrer zu kürzeren und längeren Touren ein. Um die Kelsterbacher Gemarkung herum führt ein Radwanderweg – und die Eddersheimer Schleuse ist natürlich ebenfalls ein interessantes Ziel.

Zurück ins „Oberdorf“, in den neueren Stadtteil „auf dem Berg“: Vom modernen

Bürgerhaus aus bietet sich ein prächtiger Blick auf den Mainbogen. Auf dem freitäglichen Wochenmarkt herrscht reges Leben, das Rathaus mit seinem schmucken Vorplatz prägt die Stadtmitte. Im großzügig dimensionierten Südpark lockt, neben Grillplätzen und anderen Spiel-, Sport- und Freizeiteinrichtungen, eine gepflegte 18-Bahn-Minigolfanlage. Und wer dann noch Lust auf Aktivitäten hat: Im Stadtwald lädt der kleine Mönchwaldsee zu einem Rundgang ein.

Und mag auch der Spargel im nördlichsten Zipfel des Kreises nicht ganz so üppig gedeihen, in den zahlreichen Restaurants und Wirtschaften wird die Gastfreundschaft ganz groß geschrieben, lassen sich Durst und Appetit in exzellenter Weise stillen.

INFO: www.kelsterbach.de
ÖPNV: Haltestelle „Kelstergrund“

In Walldorf erinnert ein Lehrpfad an das KZ-Außenlager:

Geschichte wird nicht verschwiegen

Nur ein paar Kilometer Wald versperren hinter Walldorf den Blick auf den Frankfurter Flughafen. Ein Waldstück, das an die dunkelsten Stunden unserer Geschichte erinnert. Denn hier, in diesem Wald, befand sich 1944 für fünf Monate ein Außenlager des elsässischen Konzentrationslagers Natzweiler-Struthof. Die Stadt Mörfelden-Walldorf hat 1980 einen Gedenkstein aufgestellt und einen historischen Lehrpfad eingerichtet, der über die Geschichte des Lagers informiert und Einblicke in das grausamste Kapitel der nationalsozialistischen Herrschaft gibt.

Dass wir uns heute in dieser eindrucksvollen Weise der Existenz des Walldorfer Außenlagers erinnern können, ist vor allem dem Engagement einer Hand voll engagierter Jugendlicher zu verdanken. Nach dem Ende der NS-Diktatur war das Lager wie so vieles andere aus dieser Zeit in „kollektive Vergessenheit" geraten. 1972 stießen Jugendliche aus der Stadt im Konzentrationslager Buchenwald dann erstmals auf Hinweise auf das „Außenlager". Sie stellten weitere Nachforschungen an, wälzten in alten Akten und befragten Zeitzeugen. Dann trugen sie ihre Informationen in die Öffentlichkeit und erreichten es schließlich, dass die Stadt am Rande des ehemaligen Lagergeländes im Jahr 1980 einen Gedenkstein aufstellte.

Danach ging die Spurensuche weiter. Besonders engagiert waren erneut die „Nachgeborenen": Schülerinnen und Schüler der Bertha-von-Suttner-Schule in Mörfelden-Walldorf legten das ehemalige Lagergelände wieder frei, das im Laufe der Zeit völlig zugewachsen war – und es entstand ein „historischer Lehrpfad", der die Erinnerung an das lange vergessene Lager wach halten soll. Zahlreiche Schautafeln informieren über die Haft- und Arbeitsbedingungen der gequälten und geschundenen Menschen.

Eingeweiht wurde der Lehrpfad am 15. November 2000. Auf Einladung der Stadt waren dabei auch 19 der ehemals 1 700 Lagerinsassinnen zur Feierstunde nach Mörfelden-Walldorf gekommen.

Im KZ-Außenlager Walldorf waren von August bis Dezember 1944 zumeist ungarische Jüdinnen untergebracht gewesen. Sie waren in Auschwitz zur Arbeit „aussortiert" worden und somit zunächst dem Tod in der Gaskammer entgangen. Die Lagerinsassinnen mussten unter schwierigsten Bedingungen und unter brutaler Bewachung beim Rollbahnbau des Frankfurter Flughafens Zwangsarbeit leisten.

Überlebt haben das Kriegsende nur wenige der KZ-Häftlinge. In Walldorf selbst kamen mindestens sechs Frauen um. Die meisten starben nach Auflösung des Lagers während der Transporte nach Ravensbrück und anderen Zielorten oder kurz danach.

INFO: Der historische Lehrpfad kann im Stadtteil Walldorf über die Nordendstraße und den Familie-Jürges-Weg erreicht werden. Der Lehrpfad im Freien ist immer öffentlich zugänglich.
ÖPNV: Haltestelle „Von-Weinberg-Straße"

Der Mönchbruchwald – ein Paradies zu allen Jahreszeiten:

Die grüne Lunge des Rhein-Main-Gebiets

Frühlingsduft liegt in der Luft! Höchste Zeit, das Fahrrad aus der Garage zu holen. Höchste Zeit für einen Ausflug in den Mönchbruch, das große Waldgebiet zwischen Groß-Gerau im Süden, Rüsselsheim und Raunheim im Westen und Mörfelden im Osten. Wer statt des Drahtesels „Schusters Rappen" bevorzugt, ist dort, in der „grünen Lunge der Rhein-Main-Region", nicht minder gut aufgehoben. Natürlich auch im Sommer, wenn die großen Bäume Schatten spenden. Und erst recht dann, wenn der Herbst die Blätter bunt gefärbt hat. Selbst im tristen Winter bietet der Wald seine Reize. Auf gut ausgebauten Wegen kann man den Staatsforst in allen Himmelsrichtungen durchqueren. Ein besonders guter Ausgangspunkt ist, neben den Parkplätzen an der B 44, das ehemalige Jagdschloss Mönchbruch, auf halbem Weg zwischen Mörfelden und Rüsselsheim gelegen. Dort ist zugleich das Tor zum Naturschutzgebiet Mönchbruch.

In unmittelbarer Nachbarschaft zum Frankfurter Flughafen hat sich hier ein regelrechtes Paradies mitten im Herzen des Rhein-Main-Gebietes entwickelt. Das geschützte Gebiet umfasst 937 Hektar Fläche und ist die Heimat von 540 wild wachsenden Pflanzen sowie ähnlich vielen Tierarten. Der Wald mit seinem großen Bestand an Rot- und Damwild nimmt zwei Drittel der Fläche ein. Für Abwechslung sorgen daneben die geschützten Wiesenflächen. Damit die einzigartige Natur erhalten bleibt, dürfen im Naturschutzgebiet die Wege nicht verlassen werden.

Es ist diese Kombination aus satten Feuchtwiesen und üppigen Wäldern, die den zahlreichen Tierarten ideale Lebensbedingungen bieten. Das ehemalige Jagdschloss Mönchbruch zeigt dies besonders augenfällig: Die Landgrafen von Hessen-Darmstadt ließen sich hier früher gerne das Wild vor die Nase treiben. Wer bei seinem Streifzug durch das Naturschutzgebiet Augen und Ohren offen hält, kann bestimmt einen Schwarzmilan auf Beutefang oder einen Eisvogel erspähen. Begegnungen mit Reiher, Kiebitz, Waldohreule oder Tüpfelsumpfhuhn sind ebenfalls keine Seltenheit.

Müde geworden – oder hungrig? Beim Jagdschloss Mönchbruch kann man gut einkehren. Im Sommer ist auch die Hütte des Odenwaldclubs westlich von Nauheim ein beliebtes Ziel. Oder wir fahren gleich weiter zum alten Gundhof, an der Nordspitze von Walldorf.

INFO: Anfahrt mit dem Auto über die B486 zwischen Rüsselsheim und Mörfelden zu den Parkplätzen am Jagdschloss Mönchbruch.
ÖPNV: Haltestelle „Mönchbruch"

In Nauheim bietet der Musikweg einen besonderen Klanggenuss:
Summstein und Klangsäule

Jonas will spazieren gehen. Julia lieber Musik machen. Bevor sich die Kinder in die Haare bekommen, findet Papa die salomonische Lösung. Es geht nach Nauheim, zum Musikweg. Dort kann man beides – nach Herzenslust rumtollen und zugleich seine musikalischen Talente ausprobieren, ohne dass sich jemand über klangliche Dissonanzen beklagen würde. Und Spaß macht es allemal.

Zum Beispiel das Klimpern auf dem großen Dendrophon, einem riesigen Xylophon aus Holz. Da hat die ganze Familie ihre Freude. Die Klangkörper sind aus einheimischen Holzarten gefertigt. Durch die unterschiedliche Länge der Hölzer ergeben sich verschiedene Klänge. Auf dem Musikweg sind ein Zweifeld- und ein Einfeld-Dendrophon aufgestellt.

Überhaupt: Es ist die Vielfalt der Instrumente und der zum Einsatz kommenden Materialien, die den besonderen Reiz des Weges ausmachen. Beim Lithophon haut man mit einem großen Gummihammer auf Granitblöcke. Auch hier sorgen die unterschiedlichen Maße der Steine für die wechselnden Klangfarben.

Ganz anders muss hingegen die Klangsäule bearbeitet werden – mit einer Technik, wie wir sie vom Weinglas her kennen. Der Stein wird mit Wasser benetzt und dann mit der Hand gerieben. Wer lieber mit der Hand draufhauen will, um den Stein in Schwingung zu versetzen, sollte aufpassen: Das kann wehtun!

Zwischen den einzelnen Musikinstrumenten ist Platz zum Herumtollen und Spielen. Oder zum Spazierengehen. Damit bleibt auch genügend Zeit, sich beim Weg zum nächsten Instrument über das gerade Erlebte zu unterhalten. Und sich auf das Neue zu freuen. Etwa auf den großen Gong, der ebenfalls kräftig in Schwingung versetzt werden kann.

Für Gesprächsstoff sorgt mit Sicherheit auch der große Summstein. Hier bildet die eigene Stimme die Grundlage für das Hör- und Fühlerlebnis. Man muss nur den Kopf ins Loch stecken – und kann dann auch schon loslegen: In verschiedenen Tonlagen summen und brummen, selbst das Schreien

wird hier zu einer besonderen Erfahrung. Wer den richtigen Ton trifft, versetzt den ganzen Körper in eine harmonische Schwingung. Diese innere Massage wurde in alten Kulturen gezielt zur Erhaltung der Gesundheit und zur Heilung genutzt.

Der Musikweg ist Teil des Regionalparks Rhein-Main und befindet sich am nordöstlichen Ende von Nauheim. Im Eingangsbereich erwartet die Besucherinnen und Besucher eine Brunnenanlage mit Ruhebänken und einer Schweineherde aus Holz. Im Boden vor dem Brunnen ist das Nauheimer Wappen eingelassen. Beides zusammen soll an den Gemarkungsnamen „Sauunter/Auf dem Blech" erinnern.

Vom Brunnen aus kann zum Rundgang über den Musikweg gestartet werden. Die Anlage wird durch eine Kleingartenanlage ergänzt. Später sollen noch eine Freizeitanlage mit Bolzplatz und Grillmöglichkeiten den Erholungswert des Musikweges verstärken.

INFO: Der Musikweg ist mit dem Fahrrad über die Radwanderwege Nummer 12 und 27 zu erreichen. Sein Besuch lässt sich gut mit einem Bummel rund um den Hegbachsee oder einem Spaziergang im Mönchbruchwald verbinden.
ÖPNV: Haltestelle „Am Ei"

Heimatmuseum bewahrt die Tradition des Musikinstrumentenbaus:

Haste Töne – komm nach Nauheim!

Wie ist das Leben doch heute so einfach: Wer Holz klein sägen muss, kann von der Kettensäge über die Stichsäge bis hin zum Motor-Fuchsschwanz auf diverses Werkzeug zurückgreifen, denen eines gemeinsam ist: Die Antriebskraft kommt nicht aus den eigenen Muskeln, sondern aus der Steckdose. Dass das früher einmal anders war, härter, beschwerlicher, ahnen wir. Wer aber wissen will, wie hart und beschwerlich es wirklich war, der sollte sich einmal ins Heimatmuseum Nauheim aufmachen. Dort findet man nicht nur alte Sägewerkzeuge, sondern viele andere Utensilien aus der Welt der Handwerker, Bauern und Arbeiter des 19. und frühen 20. Jahrhunderts.

Mitten im Ort, im alten Schulgebäude in der Schulstraße 6 untergebracht, liefert das Museum jede Menge Stoff für große und kleine Geschichtslektionen, Schwerpunktthema „Alltag". In der Remise nebenan können größere Utensilien bestaunt werden. Ein besonderer Blickfang ist hier, neben einem bis nach dem Zweiten Weltkrieg in Betrieb gewesenen Dampfsägewagen und mehreren alten landwirtschaftlichen Gerätschaften, ein original Leichenwagen aus dem Jahr 1898. Bis zur Mitte des letzten Jahrhunderts wurden mit ihm, von zwei Rappen gezogen, die Nauheimer würdevoll zur letzten Ruhestätte gebracht.

Was wäre aber ein Nauheimer Museum ohne die Musik? Heimatvertriebene aus dem Sudetenland haben nach 1945 ihre hohe handwerkliche Kunst des Musikinstrumentenbaus am Schwarzbach weitergeführt – und auch heute noch erklingen in so manch prominentem Konzertsaal Streich- und Blasinstrumente „made in Nauheim". Eine alte Geigenbauerwerkstatt veranschaulicht diese hohe Handwerkstradition und gibt Einblicke in die Kunst des Instrumentenbaus.

Im Museum sind annähernd 200 Musikinstrumente aus verschiedenen Epochen zu bestaunen.

Sehenswert ist aber auch die vom erzgebirgischen Heimatverein liebevoll eingerichtete und betreute Heimatstube und das Demonstrationsmodell eines Erzbergwerks – zwei Reminiszenzen an die Flüchtlinge und Vertriebenen, die nach Kriegsende nach Nauheim gekommen waren und die seitdem das Leben der Gemeinde nicht nur musikalisch bereichern.

Natürlich hat auch die Ortsgeschichte ihren Platz: Von der Vor- und Frühgeschichte an wird die Entwicklung der Schwarzbachgemeinde dargestellt. Alte und noch gar nicht so alte Gebrauchsgegenstände zeigen den Wandel im Alltagsleben, und die „Nauheimer Stube" war früher so in vielen Nauheimer Häusern zu finden und wirkt doch heute wie aus einer Puppenstube entliehen.

Getragen wird das Heimatmuseum vor allem vom Heimat- und Museumsverein, dessen Mitglieder sich liebevoll um die Restaurierung und Archivierung der Exponate kümmern und die Sonderausstellungen organisieren. Die Mitglieder verstecken sich dabei nicht hinter ihrem Museum. Jährlich lädt der Verein vor dem Alten Rathaus im Herzen des Ortes zum „Brunnenfest" ein. Dazu fließt aus dem Dorfbrunnen das Nauheimer Nationalgetränk – der „Eppelwoi".

INFO: Das Heimatmuseum ist in der Schulstraße 6 neben der Grundschule zu finden. Geöffnet hat es jeden ersten und dritten Sonntag im Monat von 10 bis 12 Uhr und von 14 bis 16 Uhr, der Eintritt ist frei. Während der Sommerferien ist das Museum geschlossen, Sonderführungen sind möglich. Informationen gibt es im Internet unter www.heimatmuseum-nauheim.de. ÖPNV: Haltestelle „Bahnhof"

Der Raunheimer Waldsee lockt im Sommer die Wassernixen:

Surfparadies mit Sandstrand

Windsurfen, ausnahmsweise einmal nicht in Hawaii, sondern mitten im Rhein-Main-Gebiet. Möglich ist dies nur ein paar hundert Meter östlich der Stadt Raunheim, mitten im Wald, auf dem idyllischen Raunheimer Waldsee. Als weitläufiges Naturstrandbad ist der See im Sommer für Familien mit Kindern ein ideales Ausflugsziel. Und wenn da nicht die Flugzeuge am Himmel wären, könnte man sich wie am Strand von Waikiki fühlen.

Geöffnet ist das Strandbad des Waldsees von Mitte Mai bis Anfang September. Auf der 2,1 Hektar großen Liegewiese ist genügend Platz zum Ausruhen und Spielen nach dem Baden. Der acht Hektar große See hat einen abgetrennten flachen Nichtschwimmerbereich, in dem die Kinder gut aufgehoben sind. Der feine Sandstrand bietet einen problemlosen Zugang zum Wasser.

Eine besondere Spezialität bietet der Waldsee den Liebhabern des Nacktbadens: Vom normalen Badebetrieb abgetrennt ist ein nicht einsehbares FKK-Gelände angegliedert.

Das Naturstrandbad ist mit allen Annehmlichkeiten ausgestattet, die zu einem erholsamen Aufenthalt gehören. Am Kiosk kann man sich mit Essen und Getränken versorgen, eine Ballspielwiese und ein Beachvolleyballfeld bieten weitere Freizeitaktivitäten. Für die kleinen Besucher unverzichtbar ist der Spielplatz. Neben der Wachstation befindet sich das Umkleidegebäude mit Sanitäranlagen.

Auf dem Grillplatz kann man nach Anmeldung an der Kasse nach Herzenslust die eigenen Würstchen und Steaks garen. Wer sich lieber auf dem Wasser bewegen möchte, der ist, nach der Entrichtung der Eintrittsgebühr, im Windsurfbereich bestens aufgehoben.

Neben dem Eingang befindet sich ein großer Parkplatz mit 600 Pkw-Stellplätzen, aber natürlich kann man auch mit dem Rad an den See gelangen. Der Eintritt kostet für Erwachsene zwei Euro, Kinder ab sechs Jahre zahlen einen Euro.

INFO: Öffnungszeiten während der Saison von Montag bis Freitag von 10 bis 20 Uhr sowie an den Wochenenden und an Feiertagen von 8 bis 20 Uhr.
ANFAHRT: Über die Autobahn vom Mönchhofdreieck kommend die Ausfahrt Raunheim nehmen, Richtung Raunheim. Von Rüsselsheim über die B 43 nach Raunheim. Dort der Beschilderung folgen.

Das Geburtshaus des Dichters in Goddelau ist heute ein Museum:

Am Tisch mit Georg Büchner

Seine Proklamation „Friede den Hütten, Krieg den Palästen" findet man in jedem Geschichtsbuch. Seine Bühnenstücke „Dantons Tod" und „Woyzeck" stehen auf den Spielplänen unserer Theater: Georg Büchner, weltbekannter Dichter, Revolutionär und Naturwissenschaftler aus Goddelau. Sein Geburtshaus in der Weidstraße 9, von einem Förderverein inzwischen stilvoll restauriert, erinnert an das Leben des „größten Sohnes des Kreises". Die Besucher sitzen direkt am Tisch der Familie und können hautnah in die damalige Zeit hinabtauchen.

Eine Ausstellung mit zahlreichen Originalexponaten skizziert den Lebensweg Büchners von dem heutigen Ortsteil der Gemeinde Riedstadt über Gießen und Straßburg ins Züricher Exil – und dokumentiert die „Spuren", die der Dichter auf den Theaterbühnen dieser Welt hinterlassen hat.

Nur drei Jahre lebte Georg Büchner im Dörfchen Goddelau, wo er am 17. Oktober 1813 als erstes Kind von Ernst und Caroline Büchner zur Welt kam. Der Vater war Arzt am Hofheimer Spital, dem späteren Philippshospital.

Bereits 1816 zieht die Familie nach Darmstadt. Hier verbringt Georg Büchner seine Kindheit und Jugend. Danach studierte er in Straßburg und Gießen Medizin und Naturwissenschaften. Mit dem beschaulichen Studentenleben ist es spätestens 1834 vorbei, als Büchner zusammen mit Friedrich Ludwig Weidig die Flugschrift „Der Hessische Landbote" verfasst und eine revolutionäre Geheimorganisation gründet. Im Januar 1835 stellt er das Revolutionsdrama „Dantons Tod" fertig. Wegen seiner politischen Betätigung wird er steckbrieflich gesucht und flieht deshalb im März 1835 nach Straßburg. In der Ausstellung erinnern eine Fluchtleiter und der Steckbrief an die Ereignisse.

Im Exil arbeitet Georg Büchner fieberhaft weiter, verfasst in knapp zwei Jahren seine Dissertation, die Erzählung „Lenz", das Lustspiel „Leonce und Lena" sowie das Drama „Woyzeck". Im Oktober 1836 wird Georg Büchner Privatdozent für Vergleichende Anatomie in Zürich. Am 19. Februar 1837 stirbt er dort viel zu jung nach einer schweren Typhuserkrankung.

INFO: www.riedstadt.de, Die Anfahrt zum Büchnerhaus in der Weidstraße 9 ist in Goddelau innerörtlich ausgeschildert. Das Büchnerhaus hat donnerstags und sonntags von 14 bis 18 Uhr geöffnet.
ÖPNV: Haltestelle „Rathaus"

Zeugnisse jüdischen Lebens und jüdischer Kultur im Kreis:

Synagoge ist heute Begegnungszentrum

Beim Vorbeifahren kann man es auch schon einmal übersehen, das Haus in der Neugasse 43 im Riedstädter Ortsteil Erfelden. Aber auf den zweiten Blick fällt er schon ins Auge, der ungewöhnliche Treppengiebel, die rotbraune Farbe des Außenputzes und die Fenster mit den gotischen Bögen: Das typische Beispiel einer Dorfsynagoge aus dem 19. Jahrhundert, wie es sie landesweit nur noch ganz selten gibt. Dass das Haus den Nazi-Terror überstanden hat, ist Zufall: Es war bereits lange vor der Pogromnacht 1938 verkauft und als Wohnhaus genutzt worden.

Heute ist es Gedenkstätte, Kultur- und Begegnungszentrum, eine Stätte der Bewahrung, Dokumentation und Vermittlung des Lebens und der Kultur der Juden im Kreis. Dies ist dem „Förderverein Jüdische Geschichte und Kultur im Kreis Groß-Gerau" zu verdanken. Er hat das Gebäude 1989 erworben und in fünfjähriger mühevoller Arbeit nach historischen Vorlagen und alten Bildern restauriert und wieder hergerichtet. Bei den Arbeiten wurden auf dem Speicher die ehemaligen original Rundfenster entdeckt, die wieder eingebaut werden konnten. Im Innenraum wurden Teile der alten Bemalung freigelegt. 1994 konnte die ehemalige Synagoge in Erfelden als Kultur- und Begegnungszentrum eröffnet werden. Und seitdem kommen Gäste aus aller Welt zu Besuch und es finden Konzerte und Lesungen statt.

Daneben beherbergt das Gebäude umfangreiche Sammlungen über das Landjudentum in Südhessen. Die Zeugnisse jüdischen Lebens und jüdischer Kultur, die in vielen Gemeinden des Kreises bis zur Auslöschung durch die Nationalsozialisten in großer Vielfalt zu finden waren, werden hier, und als Bestandteil der Geschichte der Region, bewahrt. Besucher haben die Möglichkeit, durch verschiedene Medien, Materialien und Arbeitsformen einen persönlichen Zugang zur jüdischen Geschichte und Kultur zu finden.

Das Haus enthält eine Präsenzbibliothek und ein Archiv zum jüdischen Leben im Kreis Groß-Gerau.

Mit einem jährlichen Kulturprogramm wird das Haus seit der Wiedereröffnung mit Leben erfüllt. In den Sommermonaten sind es vornehmlich Konzerte, im Winterhalbjahr wird zu Lesungen oder auch Kunstausstellungen eingeladen. Dazu kommen Vorträge, Seminare und gemeinsame Veranstaltungen mit Schulen im Kreis.

Feste Öffnungszeiten gibt es nicht in der ehemaligen Synagoge in Erfelden. Termine für Besichtigungen können mit dem Vorstand des Fördervereins vereinbart werden.

INFO: Ehemalige Synagoge Erfelden, Neugasse 43, 64560 Riedstadt-Erfelden,
Telefon 06158/5827, Fax 06158/5827
ÖFFNUNGSZEITEN: Nach telefonischer Vereinbarung unter 06155/665838 (Walter Ullrich) oder 06158/2809 (Ulf Kluck). Der Eintritt ist frei. www.fjgk.de. ÖPNV: Haltestelle „Kirche Erfelden"

Rundweg durch das Ried erinnert an die Schriftstellerin:

Auf den Spuren von Elisabeth Langgässer

Dem Hessischen Ried, dieser merkwürdigen Auenlandschaft, in der sich die „Melancholie der Ebene“ mit einer überschwänglichen Fülle von Tieren und Pflanzen abwechselt, war sie zeit ihres Lebens in besonderer Weise verbunden. Die Rede ist von Elisabeth Langgässer. 1899 auf der anderen Rheinseite, in Alzey geboren, zur Schule gegangen in Darmstadt – eine der herausragendsten Schriftstellerinnen der Nachkriegszeit. Für ihren Roman „Das unauslöschliche Siegel“ erhielt sie den Georg-Büchner-Preis.

In Zusammenarbeit mit der Elisabeth-Langgässer-Gesellschaft in Darmstadt hat die Gemeinde Riedstadt 1999 in ihrer Gemarkung einen Rundwanderweg als „Elisabeth-Langgässer-Wanderweg“ ausgeschildert und der Schriftstellerin damit sozusagen ein Stück Landschaft gewidmet. Aus gutem Grund: Elisabeth Langgässer ist in allen Lebensabschnitten im Ried gewandert und hat die Landschaft in ihrem literarischen Werk immer wieder beschrieben.

Den 11 Kilometer langen Rundweg kann man zu Fuß oder auch mit dem Fahrrad erkunden. Neben den vielen Naturbeobachtungen, die entlang der Wegstrecke zu machen sind, erfährt man auf den in regelmäßigen Abständen angebrachten Hinweisschildern auch einiges über das Leben und Werk der Schriftstellerin.

„Einsteigen“ in den Elisabeth-Langgässer-Rundweg kann man an mehreren Stellen, zum Beispiel vom Bensheimer Hof (an der Kreisstraße 156 zwischen Erfelden und Leeheim) aus, wo es allerdings keine offiziellen Parkplätze gibt. Für Autofahrer empfiehlt sich deshalb der Parkplatz in der Nähe der Schwedensäule auf der Knoblochsaue. Von der 1632 errichteten Säule aus (die an den abenteuerlichen Rheinübergang des Schwedenkönigs Gustav II. Adolf im Jahr 1631 erinnert) geht es am Altrhein entlang nach Norden über den Hahnensand zum Plattenhof. Dort nach Osten, Richtung Bensheimer Hof, dann nach Süden, Richtung Altrhein, vorbei an den Bruderlöchern und dem Neujahrsloch wieder zurück zur Schwedensäule.

INFO: www.riedstadt.de

In Rüsselsheim gibt es einen neuen Anziehungspunkt:
Große Kunst in den Opelvillen

Als stilvoller Schauplatz für Kunst und Kultur präsentieren sich in Rüsselsheim die Opelvillen. In landschaftlich reizvoller Lage in unmittelbarer Nähe zum spätromantischen Stadtpark (Verna-Park) und dem Mainvorland gelegen, werden hier Ausstellungen zeitgenössischer Kunst und klassischer Moderne geboten. Daneben veranstaltet die Stiftung Opelvillen Lesungen, Konzerte und Vorträge in den historischen Gebäuden. International bekannte Kunstwerke sind im Rahmen von wechselnden Ausstellungen zu sehen, und Musiker mit Weltruhm treten in

den Villen auf. Zuletzt hat die Ausstellung „Exil und Moderne" mit Gemälden von Künstlern wie Miró, Klee oder Picasso bis Ende März 2005 über 10000 Besucherinnen und Besucher angezogen.
Für architektonische Kunst stehen bereits die Opelvillen selbst: Sie wurden 1916 und 1931 für die Familie von Opel bzw. einen Direktor des Automobilwerkes erbaut und sind ein Erbe der bürgerlichen Wohnkultur des 20. Jahrhunderts. Klassizistische und moderne Elemente verbindet das 1931 gebaute Herrenhaus, in dem auf rund 430 Quadratmetern Fläche die Kunstausstellungen stattfinden. In der benachbarten Villa Wenske befindet sich ein Gastronomiebetrieb mit mediterraner Küche, der zum Verweilen nach einem Ausstellungsbesuch, einem Spaziergang am Mainvorland oder einem Besuch des Industriemuseums in der benachbarten Festung einlädt. Die beiden Villen sind inzwischen durch einen Zwischenbau, der „Dritten Villa" verbunden, die als Wintergarten sowie Ausstellungsraum genutzt wird. Im Sommer finden außerdem um die Opelvillen herum beliebte Events wie das Klassikertreffen mit Oldtimershow statt.
Für junge Rüsselsheimer bieten die wunderschönen Gebäude heute noch eine ganz andere Perspektive: Im Obergeschoss der Villa Wenske kann man besonders stilvoll den Bund fürs Leben eingehen.

INFO: www.opelvillen.de
ÖPNV: Haltestelle „Parkschule"

In der Rüsselsheimer Festung wird Geschichte aufbereitet:

Industriemuseum mit internationalem Ruf

Rüsselsheims ältestes noch bestehendes Gebäude lohnt nicht nur wegen der markanten Außenanlage mit Torturm und Graben einen Besuch. Die Festung, im Jahr 1399 erstmals als ein „festes Haus" der Grafen von Katzenelnbogen erwähnt, beherbergt auch im Innern eine ganze Reihe von Schätzen. Im Sommer findet in und um den Innenhof der Kunsthandwerkermarkt statt, der die Festung in eine mittelalterliche Bühne für Marktanbieter und Gaukler verwandelt. Und im Winter stimmt der vorweihnachtliche Kunsthandwerkermarkt auf die Adventszeit ein.

Ein anderes, das eigentliche Kleinod der Festung, darf dabei nicht übersehen werden: das städtische Museum. 1976 wurde es mit einer Innovation eröffnet: Die Abteilung „Industriegeschichte" präsentierte erstmals industrielle Technik in ihrem sozialen und kulturellen Zusammenhang. Das Museum erhielt dafür den Museumspreis des Europarates und dient seitdem Museen des In- und Auslands als Modell einer neuen Darstellung von Technik- und Industriegeschichte, die den Menschen einbezieht.

Schwerpunkte in den Ausstellungen sind die menschliche Arbeit und ihre Technik, Wohnverhältnisse, Dorf- und Stadtbild, die wirtschaftliche, soziale und politische Entwicklung, der Umgang mit der Natur. Rekonstruierte Wohn- und Arbeitsräume, Modelle, bewegliche Inszenierungen und Großfotos schaffen eine lebendige Atmosphäre für die kleinen und großen Besucher.

Besonders vorbildlich beschreibt das Museum in einer permanenten Ausstellung, wie sich die Industrialisierung auf die Gesellschaft und die Rüsselsheimer Bevölkerung ausgewirkt hat. Der Nordflügel des Museums ist allein der Zeit nach 1945 gewidmet und befasst sich mit dem Wiederaufbau der Wohngebiete und der Adam Opel AG sowie dem gesellschaftlichen und politischen Wandel im Rahmen des wirtschaftlichen Aufschwungs.

Auf Wunsch können Gruppen ebenfalls die historische Brunnenstube im Festungswall besichtigen. Die Stube, deren ursprüngliche Nutzung nicht eindeutig geklärt ist, wurde 2002 von der Bürgerstiftung Festung restauriert und zeigt Fundstücke, die während der Ausgrabung gefunden wurden.

Ein Café lädt zum Verweilen nach einem Museumsbesuch ein.

INFO: Museum der Stadt Rüsselsheim, Hauptmann-Scheuermann-Weg 4 (in der Festung), Tel. 06142 / 83-29 50, Öffnungszeiten: Dienstag–Freitag: 9–12.30, 14.30–17 Uhr, Samstag und Sonntag 10–13, 14–17 Uhr. www.stadt-ruesselsheim.de
ÖPNV: Haltestelle „Parkschule"

Im Hofgut Guntershausen gibt's allerlei zu sehen:
Die „goldene Pforte" zum Kühkopf

Der Zugang ist ein wenig versteckt. In Stockstadt am besten den Schildern Richtung Kühkopf folgen, bis zum Parkplatz. Von hier aus zu Fuß – oder mit dem Fahrrad – auf der kleinen Brücke über den Altrhein, dann gleich links, und jetzt sind es nur noch ein paar Meter bis zum Hofgut Guntershausen. Ein wunderschöner Platz zum Träumen, und ein Kleinod in dem an landschaftlichen Reizen gewiss nicht armen Kreis. Über die Weite der urwüchsigen Rheinauen geht der Blick in die Ferne, Vögel zwitschern, Käfer summen, rundherum intensives Grün, und von oben leuchtet ein strahlend blauer Himmel. Wer einen solchen Tag erwischt, der geht so schnell nicht mehr heim.
Spazieren gehen oder hinsetzen? Oder gleich hinüber zum Hofgut Guntershausen schlendern, ein Glas Apfelwein trinken. Einen Blick in die kleine Galerie werfen. Und sich nebenan, im Infozentrum Kühkopf-Knoblochsaue, über die Geschichte der Rheinauenlandschaft, ihre Pflanzen und Tiere informieren. Vor allem das interaktive Modell einer Hochwassersituation zieht die Blicke der zahlreichen Besucher an. Faszinierend mit anzusehen, wie die steigenden Fluten die Uferlandschaft in Besitz nehmen. Glücklicherweise nur ein Modell. Dann doch lieber hin zum Naturerlebnispfad nebenan, wo Kinder jedweden Alters noch echte Abenteuer erleben können.
Die Geschichte des Hofguts Guntershausen lässt sich zurückverfolgen bis ins Jahr 1580.

Der mächtige Rheinstrom, er formte mit seiner urwüchsigen Kraft nicht nur die ihn umgebende Natur, sondern auch den Lebensalltag, die Siedlungsformen und die Wirtschaftsweise der an seinen Ufern lebenden Menschen. Die imposanten Sandsteinmauern des Hofguts zeugen vom beschwerlichen „Leben am Fluss", die großen Speicher und Ställe lassen zugleich einstmaligen Wohlstand ahnen.

Das ehemalige Verwalterhaus des Hofguts wurde, nachdem es zuvor jahrzehntelang leer stand, 1998 neu eröffnet. Zu danken ist das vor allem der Initiative einer Gruppe von Künstlerinnen und Künstlern aus der Region. Sie bewahrten das verwahrloste Gebäude vor dem Verfall und begannen mit der Restaurierung. Und brachten, mit dem Bürgermeister der Gemeinde Stockstadt an der Spitze, wieder Leben in die alten Mauern. Der im Jahr 1992 gegründete Förderverein „Hofgut Guntershausen im Naturschutzgebiet Kühkopf-Knoblochsaue" widmet sich dem Erhalt und der Entwicklung des Hofguts.

Heute ist es eine attraktive Mischung aus Museum, Gasthaus und Atelier. Denn die Kühkopflandschaft auf der einen und die wuchtigen Mauern des Hofguts auf der anderen Seite haben seit jeher Künstler inspiriert. Ob mit Staffelei, Fotoapparat oder dem Notizblock, die wechselnden Eindrücke der Jahreszeiten regen die Fantasie an. So hat sich im Hofgut mittlerweile eine kleine Galerie etabliert. Zu sehen sind Bilder, Figuren und jede Menge Kunsthandwerk. Eine Dauerausstellung gilt der „Imkerei", die auf dem Kühkopf eine lange Tradition hat.

Eine andere ist dem Thema „Rheingold" gewidmet. Und in der Tat: In früheren Jahrhunderten hatte man einst das Edelmetall aus dem Rhein bzw. dem Rheinufer gewaschen. In den 50er Jahren des letzten Jahrhunderts war es dann das „schwarze Gold", das aus den Tiefen des Hessischen Rieds gefördert wurde: Erdöl. Aber auch das ist längst Geschichte.

Golden sind heute allenfalls die Äpfel, die rund um das Hofgut wachsen. Und der Apfelwein, der aus ihnen gemacht wird. Wer dabei zuschauen und das „Stöffchen" an Ort und Stelle verkosten will, ist auf dem Hofgut übrigens herzlich willkommen: Am 3. Wochenende im September wird alljährlich ein großes Kelterfest gefeiert. Und am 30. April/1. Mai ein großes Frühlingsfest. Dann kann es auf dem weitläufigen Gelände allerdings schon einmal etwas enger werden. Aber keine Bange: Ein paar Meter weiter entfernt holt uns die Ruhe und Beschaulichkeit der Naturlandschaft wieder ein.

INFO: Das Hofgut Guntershausen ist samstags von 13 bis 17 und sonntags von 10 bis 17 Uhr geöffnet. www.hofgut-guntershausen.de, Info-Telefon (Samstag und Sonntag) 06158/828739. Das Naturschutz-Informationszentrum ist dienstags, donnerstags, samstags, sonntags sowie an Feiertagen von 9–17 Uhr geöffnet.Info-Telefon 06158/86980 ÖPNV: Haltestelle „Ortsmitte"

Das Naturschutzgebiet Kühkopf-Knoblochsaue lockt zu allen Jahreszeiten:

Idylle pur für Fußgänger und Radfahrer

Wo gibt's denn das noch – auf gut ausgebauten, gut markierten und gut beschilderten Wegen fernab vom Straßenverkehr in flacher Landschaft wandern und dabei Natur pur erleben? Nun: Das gibt es in der Tat noch. Und zwar im Naturschutzgebiet Kühkopf-Knoblochsaue. Die alte Rheinschleife bei Erfelden und Stockstadt, aus der im Jahr 1828 durch den Rheindurchstich eine Insel wurde, ist mit 2370 Hektar Fläche das weitaus größte Naturschutzgebiet Hessens und trägt das UNESCO-Prädikat „Europareservat“. Motorfahrzeuge sind hier tabu, und selbst Radfahrer und Spaziergänger dürfen in bestimmten Bereichen die vorgegebenen Wege nicht verlassen.

Und um alle Missverständnisse zu vermeiden: Der Name „Kühkopf“ hat nichts mit den braven Wiederkäuern zu tun. Er kommt vielmehr vom mittelhochdeutschen „künec“, also König – Königsland, das die Form eines Kopfes hat. Und die sich daran anschließende Knoblochsaue verdankt ihren Namen nicht der aromatischen Knolle, sondern der Familie von Knobloch, der das Gebiet zum Ende des Mittelalters gehörte.

Den Besucherinnen und Besuchern kann dies gleichgültig sein: Ob große Wandertour oder kleiner Spaziergang mit den Kindern, ob eben mal auf ein Glas Apfelwein zum Forsthaus oder ein längerer Rundgang, verbunden mit einer kleinen Brotzeit im Grünen, die Möglichkeiten sind vielfältig. Das Naturschutzgebiet hat insgesamt 60 Kilometer Wanderwege aufzuweisen. Und der Rundweg um die Insel, der zum größten Teil über die altem Sommerdämme des Rheins verläuft, ist immerhin 17 Kilometer lang. Beliebt ist in den Sommermonaten auch ein kurzer Abstecher mit dem Fährkahn „König Gunther" auf die andere Rheinseite. Wer nicht gut zu Fuß ist, kann sich in Stockstadt eine Pferdekutsche mieten und über den Kühkopf kutschieren lassen. Die einzigartige Natur erschließt sich so richtig aber nur zu Fuß oder mit dem Fahrrad.

Wer von Stockstadt aus den Kühkopf erkundet, kommt am Hofgut Guntershausen und dem benachbarten Naturschutzzentrum nicht vorbei. Dort führt ein großes Modell vor Augen, wie bei Hochwasser der Kühkopf langsam voll Wasser läuft und damit eine wichtige Polderfunktion für die unteren Rheinanliegerkommunen ausübt. Von Erfelden aus führt eine geschwungene Brücke in das Naturschutzgebiet. Hier kann man gut den Paddlern zuschauen, die, vorausgesetzt, der Rhein hat genügend Wasser, auf der Altrheinschleife ihre Runden ziehen. Von hier aus sind es dann auch nur ein paar Meter zum Forsthaus Kühkopf, wo im Frühling natürlich auch Spargel serviert wird.

Noch ein Wort zum Rheindurchstich: Um die Hochwassergefahr einzudämmen und den Schiffen auf dem Rhein eine schnellere Fahrt zu ermöglichen, hatte der hessische Oberbaudirektor Dr. Claus Kröncke im Jahr 1828 einen 16 Meter breiten und 3,6 Kilometer langen Graben ausheben lassen – und dann auf die Kräfte der Natur vertraut. Der Rheinstrom selbst vertiefte den Graben, verbreiterte den Durchstich auf 308 Meter und schuf einen Durchbruch von insgesamt 5,5 Kilometern Länge. Damit wurde gleichzeitig das Ried entwässert, weil das Wasser schneller abfließen konnte. Die Schifffahrt sparte zehn Kilometer Strecke.

HINWEIS: Die Flussuferlandschaft um das Naturschutzgebiet Kühkopf-Knoblochsaue entfaltet zu allen Jahreszeiten ihren besonderen Reiz. Im Sommer können allerdings, vor allem in der Dämmerung, Schnaken das Naturerlebnis beeinträchtigen.

Von den vielen Wegen im Bereich Kühkopf-Knoblochsaue sind vier besonders ausgeschildert.

Der **Haubentaucherweg** trägt die Markierung H, ist mit 17 km der längste Wanderweg und führt um die gesamte Kühkopf-Insel. Dabei durchwandert der Besucher sowohl den Naturlehrpfad Kisselwörth als auch den Lehrpfad Rindswöth. Man kommt von allen Insel-Übergängen auf diesen Wanderweg.

Der **Nachtigallenweg** (Markierung N) ist 7,5 km lang. In den Rundweg kann man sowohl von der Erfelder Fußgängerbrücke in Riedstadt-Erfelden (Parkplatz an der Brücke) oder vom Parkplatz Stockstädter Brücke einsteigen. Auf dem $2\frac{1}{2}$-stündigen Weg erwandert man den östlichen Bereich der Rheininsel.

Der **Reiherweg** (Markierung R) hat seinen Ausgangspunkt am linksrheinischen Ufer beim Gasthaus „Zum Rheinhof", wo im Sommer das Guntersblumer Fährboot abfährt. Er ist 6 km lang und trägt die Markierung R.

Der **Elisabeth-Langgässer-Weg**, im Herbst 1999 von der Gemeinde Riedstadt seiner Bestimmung übergeben, soll an eine der bedeutendsten deutschen Lyrikerinnen erinnern. Auf dem 12 km langen Rundwanderweg kann man auf den Pfaden der Naturdichterin wandeln. Wir stellen ihn an anderer Stelle gesondert vor.

INFO : www.rpda.de/kuehkopf/index.htm
www.kuehkopf.de
ÖPNV: Haltestelle „Ortsmitte" Stockstadt) bzw. „Krone" (Riedstadt-Erfelden)

In Trebur laden Fachwerkhäuser zum Spaziergang ein:

Zu Fuß in die Vergangenheit

In den Städten und Gemeinden des Kreises ist es nicht gerade alte Fachwerkromantik, die heute das Straßenbild prägt. Zu vieles ist da im Laufe der Jahre der Spitzhacke zum Opfer gefallen. Von Ausnahmen abgesehen. Zum Beispiel in Trebur. Die Gemeinde ist mit ihren zahlreichen Fachwerkhäusern im alten Ortskern heute sogar ein Teil der Deutschen Fachwerkstraße, die auf einer Länge von immerhin 2000 Kilometern von Stade bis Meersburg quer durch die Bundesrepublik verläuft. Für die Nibelungen-Etappe, die in

Reichelsheim im Odenwald mündet, stellt Trebur den Ausgangspunkt dar.

Ein Rundgang durch das alte Trebur lohnt sich also allemal. Zwar kann die Gemeinde nicht mit einem fachwerkgesäumten Marktplatz glänzen, dafür gibt es in den Nebenstraßen umso mehr Fachwerkarchitektur. Rund 300 zum Teil ungewöhnlich gut erhaltene Häuser werden in Trebur (und in seinen Ortsteilen) gezählt. Im historischen Ortskern sind es vor allem die winkelförmig angelegten Hofreiten mit ihren idyllischen Innenhöfen, die die Blicke anziehen. Und dann gibt es da ja auch noch die evangelische St. Laurentiuskirche. Hier, an der alten Dreymann-Orgel, hat kein Geringerer als Albert Schweitzer einst die Register gezogen.

Also am besten einmal das Auto auf einem der zahlreichen Parkplätze mitten im Ort abstellen, oder gleich mit dem Fahrrad oder dem ÖPNV anreisen, und dann kann er losgehen, der Spaziergang in die Geschichte. Schon bald sind allerlei Kleinode im fränkischen Baustil zu entdecken. An zentraler Stelle im Ort steht das Alte Rathaus. Erbaut im Jahre 1577 ist es das älteste Fachwerkhaus Treburs. Wenige Meter weiter kann man im historischen Museum (Lokal-)Geschichte vom Mittelalter bis zur Neuzeit erfahren.

Der Weg führt nun weiter bis zur Laurentiuskirche, die auf dem Gelände der ehemaligen mittelalterlichen Königspfalz steht. Ein Gedenkstein im Vorraum der Kirche ist der einzig verbliebene Hinweis auf diese Epoche Treburs.

Die Gründung der Pfalzkapelle erfolgte bereits im 9. Jahrhundert. Auf den Grundmauern dieser karolingischen Kapelle steht die heutige Kirche. Weite Teile der Außenmauern bezeugen den Charakter einer dreischiffigen Basilika mit einer Apsis im Osten und einer der heutigen Eingangshalle noch vorgelagerten Vorhalle.

Im 14. Jahrhundert wurde diese Vorhalle abgerissen und die Eingangshalle erhielt drei spitzbogige Durchgänge, die heute zugemauert sind. Der letzte größere Umbau erfolgte 1748 bis 1751 unter der Leitung des Darmstädter Kirchenbaumeisters Johannes Conrad Lichtenberg.

Nachdem bereits die gesamte Kirchenanlage von außen beeindruckt, sollte ein Besuch im Innern nicht versäumt werden. Die Treburer Orgel wurde 1843/44 vom Mainzer Orgelbauer Bernhard Dreymann gefertigt. Sie gilt heute als das größte noch fast vollständig erhaltene Instrument aus Dreymanns Werkstatt.

INFO: www.trebur.de, www.deutsche-fachwerkstrasse.de
ÖPNV: Haltestelle „Hauptstraße“

Der Kornsand – beliebtes Ziel für Radfahrer und Geschichtsbewusste:

Gedenksteine am Rhein

An wohl kaum einer anderen Stelle im Kreis bietet sich uns ein so beeindruckendes Flusspanorama wie dort, wo, von Trebur-Geinsheim kommend, die Landesstraße 3094 am Anlegepunkt der Rheinfähre auf der rheinland-pfälzischen Seite endet. Linksseitig des Stroms zieht die Kulisse von Oppenheim mit der mächtigen Katharinenkirche und den Rheinhügeln im Hintergrund die Blicke auf sich. In Nierstein und weiter flussabwärts wachsen einige der besten Weine Deutschlands. Und auch andere rheinhessische Weindörfer laden schon einmal zu kleinen Abstechern ein. Auf der östlichen Uferseite sind es vor allem die Wege auf und hinter den Deichen, auf denen man prächtig Rad fahren und spazieren gehen kann. Spaß macht es natürlich auch, dem Anlegemanöver des Fährmanns zuzuschauen.

Wem es dann mit dem Trubel zu viel wird: ein paar Meter weiter ist man schnell wieder alleine, wird man allenfalls einmal von einem Radfahrer überholt. Radler haben hier ein ideales Revier. Am Kornsand selbst endet die Radroute 20, aus Darmstadt kommend. Und ein paar hundert Meter landeinwärts kreuzt der Fernradweg 6, der als Teil des Fernradwegenetzes den Kreis von Nord nach Süd parallel zum Rhein durchmisst. Nur ganz selten führt der R 6 so dicht am Fluss vorbei wie südlich vom Kornsand, beim Pumpwerk Wächterstadt. Da kommt beim Blick auf die vorbeiziehenden Lastkähne schon einmal Fernweh auf.

Fernweh und Erfindergeist haben einst auch den legendären Grafen Zeppelin angetrieben, als er am 2. Juli 1900 am Bodensee zu seinem ersten Flug mit dem nach ihm benannten Luftschiff startete. Acht Jahre später, am 4. August 1908, landete Graf Ferdinand von Zeppelin am Rheinufer beim Kornsand. Es war die erste Dauerfahrt der „fliegenden Zigarre“. Zur Erinnerung an dieses Ereignis wurde dem Erfinder ein monumentaler Gedenkstein gesetzt. Er liegt, versteckt hinter hohen Eiben, auf dem Sommerdamm am Kornsand. Von der Fähre aus flussaufwärts gehend erreicht man das Denkmal nach wenigen Minuten.

Ein „Denkmal“ ganz anderer Art befindet sich nur wenige Meter nördlich des Kornsands: Der Erinnerungsstein an die „Kornsand-Morde“. Im März 1945, wenige Tage vor der Ankunft alliierter Truppen, waren hier sechs Menschen aus Rheinhessen von Nazifunktionären erschossen worden. Tags zuvor aus dem Gefängnis der Gestapo in Darmstadt entlassen, befanden sie sich auf dem Weg zurück nach Hause, als sie von einem fanatischen Nazi-Ortsgruppenleiter erkannt und verhaftet wurden. Nach einer qualvollen Nacht im Gefängnis wurden die sechs am nächsten Morgen grausam ermordet – zu einem Zeitpunkt, als auf der anderen Rheinseite bereits die amerikanischen Panzer einrollten.

Am 21. März, dem Jahrestag des Verbrechens, findet an dem Mahnmal alljährlich eine Gedenkfeier für die Opfer der Kornsand-Morde statt – „den Lebenden zur Mahnung“, wie es auf dem Stein heißt.

INFO: Den Kornsand erreicht man mit dem Pkw auf der L 3094 über Trebur-Geinsheim Richtung Fähre, Oppenheim, mit dem Fahrrad auf dem R 6.
Hier ist auch der Weg zum Gedenkstein ausgeschildert.
Informationen über das Kornsand-Verbrechen unter: www.trebur.de
ÖPNV: Haltestelle „Kornsand/Rheinfähre“

Mit dem Fahrrad zum Spargel

Der Kreis Groß-Gerau ist aufgrund seiner flachen Topografie ein ideales Revier für Radfahrer. Gut ausgebaute Wege führen, meist abseits der großen Straßen, durch ausgedehnte Wälder, über Wiesen und Felder von Ort zu Ort, von Spargelhof zu Spargelhof – und dazwischen gibt es immer wieder Gelegenheit, eine Sehenswürdigkeit zu bestaunen und/oder sich zu stärken. Natürlich auch außerhalb der Spargelzeit.
Für die Liebhaber des königlichen Gemüses haben wir auf den Folgeseiten drei Spargelradrouten zusammengestellt, die nicht nur im Frühling befahren werden können. Die Tourenvorschläge bauen auf dem schachbrettartigen Radroutennetz des Kreises auf und lassen sich dadurch leicht individuell verkürzen oder verlängern. In unserem Vorschlag sind sie auf jeweils einen Tagesausflug ausgelegt, aber sie lassen sich von leistungsstarken Radlern auch gut kombinieren. Das Radroutennetz ist vor Ort ausgeschildert. Ansonsten empfiehlt sich auch eine der vielen im Handel erhältlichen Radwegekarten. Wer dennoch einmal die Orientierung verlieren sollte: Die nächste Kirchturmspitze ist meist schnell wieder in Sicht und weist dann den Weg.
Alle drei Routen tangieren übrigens Bahnhöfe, sodass man sie auch von den nahe gelegenen Großstädten aus „in Angriff nehmen“ kann.

Spargeltour West (Länge ca. 36 km)

Die **Spargeltour West** führt in den Nordwesten des Kreises. Im Norden und Westen lädt die Auenlandschaft von Rhein und Main mit ihrer besonderen Vegetation ein, daneben die Stadt Rüsselsheim mit ihrem Museum, im Osten wird der Mönchbruchwald tangiert, und dann geht es über die Wiesen und (Spargel)-Äcker von Nauheim und Trebur wieder zum Rhein.

Ausgangspunkt ist die Schleuse Gustavsburg: Auf dem Mainuferweg (Route 2) nach Rüsselsheim – am Opel-Werk schräg auf die Route 6 – durch Rüsselsheim – am Stadtrand nach rechts auf die Route 27 – an Königstädten vorbei – hinter Nauheim nach rechts auf die Route 12 – an Trebur vorbei – hinter Astheim nach rechts auf den Fernwanderweg R 6 – über Ginsheim nach Gustavsburg – am Bahnhof mit dem R 6 nach rechts, dann nach links den R 6 verlassen, gleich wieder rechts und die zweite Straße rechts („Mainufer") auf die Route 2 und entlang des Mainufers zur Schleuse zurück.

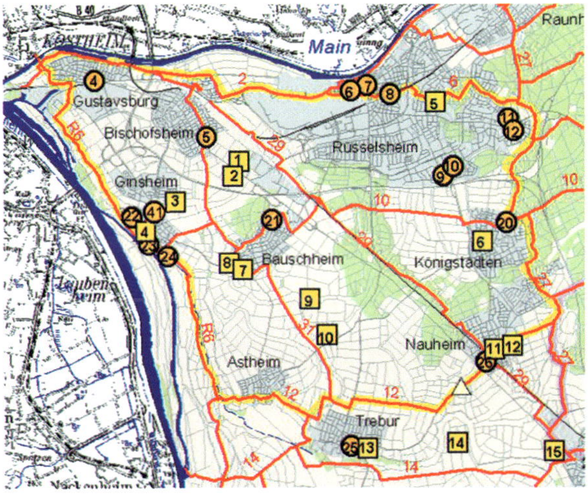

Spargeltour West
Spargellehrpfad
12 Radrouten des Kreises

Spargel erzeugende Betriebe

1 Wielandhof, Renate Mahn
2 R.Guthmann & Söhne, Tannenhof
3 Hans & Monika Reinheimer
4 R.Guthmann & Söhne
5 Spargelbau Schöppner
6 Spargel-u.Gemüsehof Schneider
7 Winfried Laun
8 Heike & Martin Reinheimer
9 Werner Stahl, Waldhof
10 Werner & Andreas Ewald, Birkenhof
11 Gerhard u. Anne Dammel
12 Spargelbau u. Hofladen Fam. Müller
13 Hofladen Fam. Müller
14 Spargel- u. Erdbeerhof Hirsch
15 Hirsch's Hofladen, Sigrid Hirsch

Gaststätten und Restaurants

4 Zur guten Stube
5 Ratsstube
6 Weinhaus Schaab Louis
7 Ratskeller
8 Stadthalle Rüsselsheim
9 Columbia Hotel/Brasserie X.O.
10 Roter Hahn
11 Reitstall Raab
12 Zum Schützenhof
20 Schützenhaus Tell Haßloch
21 L'herbe de Provence
22 Altrhein Schänke
23 Rheinischer Hof
24 Zum Ratskeller
25 Zum Erker
26 Hessischer Hof
41 Hotel Weinhaus Wiedemann

Spargeltour Ost (Länge ca. 37 km)

Die **Spargeltour Ost** empfiehlt sich vor allem an heißen Sommertagen – führt der Weg doch in weiten Abschnitten durch den schattigen Mönchbruchwald, der den Nordosten des Kreises beherrscht. Museumsliebhaber kommen sowohl in Mörfelden-Walldorf als auch in Groß-Gerau und Nauheim auf ihre Kosten.

Ausgangspunkt ist der Bahnhof Mörfelden: Entlang der Bahnlinie auf der Route 21 nach Süden – im Wald nach rechts auf die Route 12 – die Nächste links (Route 23) – durch Worfelden – am Naturschutzgebiet nach rechts auf die Route 16 – am Ortsausgang von Büttelborn auf die Route 29 Richtung Groß-Gerau – hinter Groß-Gerau Übergang in die Route 27 Richtung Nauheim – hinter dem Hegbachsee nach rechts auf die Route 12 – an der Schutzhütte nach links (Route 25) – vor der Startbahn West nach rechts auf die Route 6 – auf der 6 einmal links, einmal nach rechts – ab Ortseingang Walldorf auf der Route 21 wieder nach Mörfelden zurück.

Spargeltour Süd (Länge ca. 48 km)

Die **Spargeltour Süd** erschließt die klassische Riedlandschaft: Weite Felder und Auen mit besonderer Flora und Fauna, dazwischen nur hin und wieder ein wenig Wald. Und gleich mehrere Museen, die Fenster in die Vergangenheit öffnen. Im Südwesten geht's unmittelbar am breiten Rheinstrom entlang, und im Westen quert der Weg das Naturschutzgebiet Kühkopf-Knoblochsaue.

Ausgangspunkt ist die Kühkopfbrücke in Erfelden. Auf der Route 31 nach Norden in Richtung Leeheim – dort im Ort nach rechts auf die Route 20 – die Hauptstraße überqueren und auf der Route 18 nach Dornheim – am südlichen Ortsrand nach Osten auf der Route 18 – bis man im Naturschutzgebiet die Kreisgrenze erreicht und an der „Hohen Brücke" auf die Route 25 stößt – hier rechts über Wolfskehlen, Goddelau, Phillipshospital und Crumstadt nach Allmendfeld – dort nach rechts auf die Route 28 Richtung Gernsheim – am Ortsausgang von Gernsheim, vielleicht nach einem kleinen Abstecher zur Wallfahrtskirche Maria Einsiedel, nach rechts auf den Fernradweg R 6 – am Rhein über das Naturschutzgebiet Kühkopf zurück nach Erfelden.

Spargel erzeugende Betriebe

23 Spargelhof Schneider
24 Werner Kratz
25 Christel Schulz
26 Helga u. Richard Görlich
27 Tannenhof, Fam. Weber
28 Wilfried Hammann
29 Fam. Klaus Schäfer
30 Birkenhof, Werner Schäfer
31 Adam Rupp
32 Inge u. Rudolf Jörg
33 Wambolt'sche Gutsverwaltung

Gaststätten und Restaurants

33 Zum Rheintal
34 Landgasthof "Hayna"
35 Riedstern
36 Forsthaus Kühkopf
37 Rheingold
38 Restaurant-Café "Da Sandro"
39 Gernsheimer Schiff
40 Gernsheimer Hof

12 Radrouten des Kreises

Spargeltour Süd

Ausflugsziele

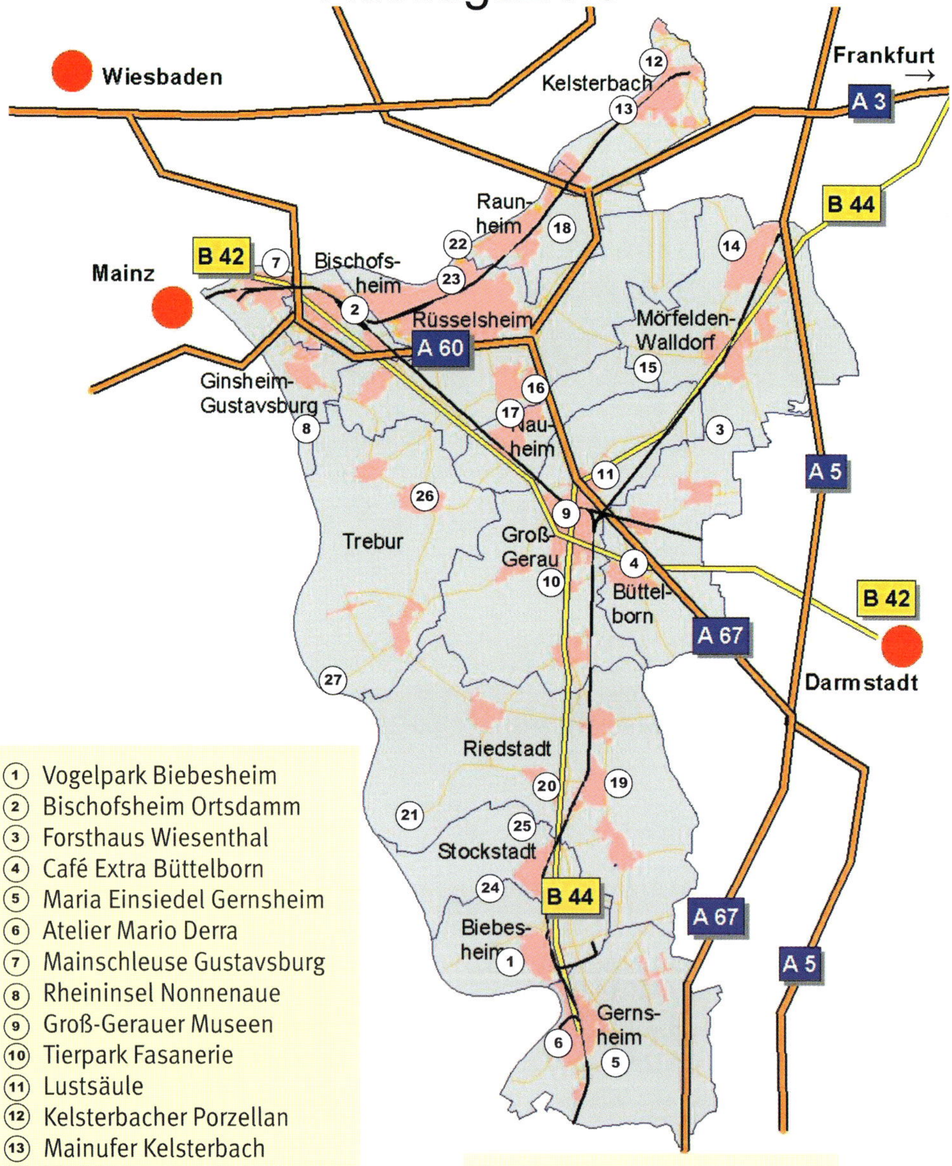

1. Vogelpark Biebesheim
2. Bischofsheim Ortsdamm
3. Forsthaus Wiesenthal
4. Café Extra Büttelborn
5. Maria Einsiedel Gernsheim
6. Atelier Mario Derra
7. Mainschleuse Gustavsburg
8. Rheininsel Nonnenaue
9. Groß-Gerauer Museen
10. Tierpark Fasanerie
11. Lustsäule
12. Kelsterbacher Porzellan
13. Mainufer Kelsterbach
14. KZ-Erinnerungspfad
15. Mönchbruchwald
16. Nauheimer Klangbogen
17. Heimatmuseum Nauheim
18. Raunheimer Waldsee
19. Büchner-Haus Goddelau
20. Ehemalige Synagoge Erfelden
21. Elisabeth-Langgässer-Weg
22. Opel-Villen Rüsselsheim
23. Industriemuseum Rüsselsheim
24. Hofgut Guntershausen
25. Kühkopf-Knoblochsaue
26. Treburer Fachwerk
27. Erinnerungen am Kornsand